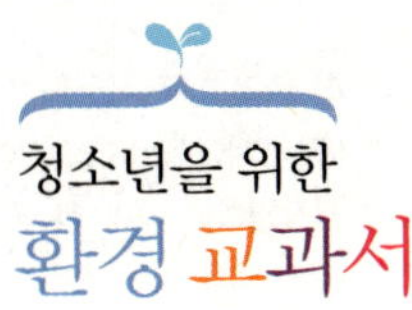
청소년을 위한
환경 교과서

ARCHE IN AUFRUHR – Was wir tun müssen, um die Erde zu retten?
by Klaus Töpfer, Friederike Bauer

일러두기

1. 이 책은 독일책 『위기에 빠진 지구』(*Arche in Aufruhr*)를 옮긴 것입니다.

2. 환경 위기라는 전 지구적 주제에 대해 독일의 처지에서 사례를 든 몇몇 내용을 각종 통계와 자료를
   참조하여 우리나라 환경에 대한 내용으로 대체하거나 보완하였습니다. 그래서 이 책에서 '우리나라'로
   말한 것은 말그대로 우리나라 한국을 가리킵니다.

청소년을 위한
환경 교과서

클라우스 퇴퍼·프리데리케 바우어 지음
박종대·이수영 옮김

차례

들어가기에 앞서

들어가기에 앞서

기후변화와 생물종의 멸종, 물 부족, 원자재와 지하자원의 고갈 같은 문제가 어느 때보다 뜨겁게 지구촌을 달구고 있는 시점에서 현재의 환경 상황을 전반적으로 개괄하는 책을 써 달라는 요청이 곳곳에서 들어왔다. 또한 최근의 과학 지식과 언론의 비관적 환경 전망을 상세히 다룬 교본 형태의 환경 책이나, 전문가들의 토론과 방향 정립에 도움이 되고 정치적 결단을 강력히 촉구하는 책을 써 달라는 요구도 많았다.

  그렇지만 우리는 다른 결정을 내렸다. 바다와 열대림, 빙하 같은 거대 생태계의 걷잡을 수 없는 변화를 될 수 있는 대로 쉽게, 그리고 정확하게 짚어 주는 것이 더 필요한 일이라고 생각했기 때문이다. 그것도 이 방면의 전문가들이 아니라 폭넓은 대중을 위해서 말이다. 전문가들이 보기에는 이 책에서 사용하는 말들이 엄격한 전문 용어에 딱 들어맞지 않을 수도 있고, 원인과 결과의 관련성이 부분적으로 정확하지 않을 수도 있다. 그러나 이 책의 주인은 청소년이다. 그들에게 환경 문제의 심각성을 알려 주고,

환경 문제에 호기심과 관심을 불러일으키는 것이 더 중요하다고 판단했기에 우리는 전문적이기보다는 한결 쉬운 용어를 선택했다. 우리 기성 세대가 해결하지 못하고 물려줄 수밖에 없는 환경 문제를 직접 맞닥뜨려야 할 세대가 바로 지금의 청소년들이기 때문이다.

우리는 이 글을 쓰는 내내 우리 아이들과 손자들을 생각했다. 그리고 후손들에게 이런 위태로운 지구를 물려주는 것이 너무나 미안해서 이런 글로나마 사죄하고 위로할 따름이다. 아직 희망의 불꽃은 꺼지지 않았다. 더 늦기 전에 그 불길을 살리는 것이 이 시대를 살아가는 모든 이들이 후손들에게 지켜야 할 의무이자 예의일 것이다.

클라우스 퇴퍼, 프리데리케 바우어

신음하는 에덴동산

지구는 점점 좁아지고 있다. 현재 70세 노인이 태어날 무렵 세계 인구는 약 25억 명이었지만 지금은 65억 명을 넘어섰고, 앞으로도 인구는 계속 늘어날 전망이다. 그런데 해마다 새로 태어나는 7000~7500만 명에게는 거주할 집이 있어야 하고, 먹을 음식과 깨끗한 물이 필요하다. 그리고 인간답게 살 최소한의 물질적 바탕도 마련되어야 한다. 그러다 보니 인류는 해마다 늘어나는 세계 인구를 먹여 살리기 위해 자연에 점점 더 많은 것을 요구하고, 자연에 결정적인 부담을 지울 수밖에 없게 되었다. 예를 들어 20세기 100년 동안 전 세계의 물 소비는 9배 증가했고, 어획량은 40배, 에너지 소비량은 16배나 늘어났다. 학계에서 이 시대를 '인간 시대'라 일컫는 것도 그 때문일 것이다.

그렇지만 자원의 소비가 늘어나는 것이 순전히 인구 증가 때문만은 아니다. 지난 100여 년 사이 선진 공업국들에서는 복지에 대한 기대감이 엄청나게 높아졌다. 자동차 수만 해도 20세기 중반에 5000만 대이던 것이 6억 대 이상으로 늘어났고, 2050년에는 14~20억 대에 이를 것으로 예상된다. 석탄과 가스가 연소될 때 나오는 이산화황은 자연에서 배출되는 양의 2배에 이르렀다. 또한 지난 100년 사이 온실가스인 이산화탄소 배출로 일어난 대기 오염은 30퍼센트 가까이 늘었고, 메탄으로 생긴 오염은 100퍼센트 이상 늘었다. 이렇게 급격한 진행 속도는 인간의 건강과 기후, 자연의 '생산력', 그리고 종의 다양성에 심각한 영향을 끼친다.

인간은 아주 예민하게 작동하는 자연의 대순환 과정에 어느 때보다도 깊숙이 관여하고 있으며, 그 대가는 혹독하다. 하지만 그 대가를 치르는 사람은 자연을 훨씬 더 많이 이용하면서 복지를 누리는 선진국 국민이 아니라 가난한 나라의 국민들이다. 우리는 그 사실을 잘 모르고 있고, 자세히 알려고도 하지 않는다.

지구상에서 여섯 명 중 하나는 가난 속에서 살아간다. 11억 명 이상이 깨끗한 물을 마시지 못하고, 16억 명 이상이 전기를 사용하지 못하며, 13억 명가량이 하루에 1달러도 안 되는 돈으로 생활한다. 그중 대부분이 아프리카에 살고 있고, 나머지는 중앙아메리카와 라틴아메리카, 그리고 아시아 일부 지역에 분포해 있다. 지구상에서 한쪽은 엄청난 부를 누리면서 흥청망청 쓰는 반면, 다른 쪽에서는 지독한 가난과 기아, 절망 속에서 주거와 식량, 일, 교육과 같이 모든 사람이 평등하게 누려야 할 기본 욕구를 충족시킬 현실적 전망조차 어둡기만 하다. 이런 형편에 세계의 평화로운 발전은 요원하다.

가난한 나라에서는 경제 발전이 물론 필요하다. 경제가 발전하면 에너지와 자원의 소비는 크게 늘어나겠지만, 그것은 꼭 필요한 일이고 가능한 일이다. 그러기 위해선 지금껏 지구의 자원 소모와 환경 파괴에 가장 큰 몫을 차지했던 선진국 사람들의 변화가 불가피하다. 구체적으로 말하자면, 자연의 재화를 지금까지보다 훨씬 짜임새 있게 관리해야 한다는 뜻이다. 현재 선진국 사람들은 하루에 1인당 6000와트의 에너지를 소비한다. 미국인들은 심지어 1만 와트 이상을 소비한다. 그러나 인간은 2000와트로도 충분히 하루를 지낼 수 있다. 이것은 결코 헛된 이상이 아니라 우리가 정해진 시기 안에 분명히 실현해야 할 목표이다.

그 목표를 이루기 위한 기술적 가능성들은 이미 확보되어 있다. '제로 에너지 주택'들이 지어지고 있고, 화석 에너지를 훨씬 효율적으로 전기와 열로 전환하는 발전소도 있다. 또한 오래전부터 알려진 '동력과 열의 결합' 기술로 에너지 효율성을 2배로 높일 수도 있다. 그 밖에 '3리터 자동차'(연료 3리터로 100km를 달릴 수 있는 자동차)가 고안되었고, 수소로 움직이는 자동차도 이제 공상과학 이야기가 아니라 현실이 되어 가고 있다. 바야흐로 지구의 건강을 위해 1인당 하루 2000와트 사용이라는 '에너지 다이어트'의 실천이 절실하게 요구되는 때이다.

지금까지 우리는 별 생각 없이 편리함만을 좇아 마구잡이로 물건을 쓰고 버려 왔다. 이제는 정말 그런 과소비 풍조를 없애고, 자연을 본보기 삼아 순환 경영을 시작해야 한다. 무슨 말이냐 하면, 나중에 제품의 수명이 다했을 때 재활용되지 못하는 원료나 뽑아 쓸 수 없는 에너지가 남지 않도록 생산 단계에서부터 미리 고려해서 제품을 만들어야 한다는 것이다.

이러한 목표는 젊은 세대들에게도 풍부한 아이디어와 창의력을 시험해 볼 수 있는 매혹적인 과제이다. 이 과제를 어떻게 해결하느냐에 우리의 미래가 달려 있기 때문이다. 물론 이 과제는 과학 기술의 향상만으로는 해결되지 않는다. 무엇보다 복지와 행복을 돈으로만 따지는 생각을 버려야 하고, 지구의 다른 곳에 사는 사람들의 행복과 삶의 질까지 고려해야 하며, 지금의 행동 하나하나가 다음 세대에 중대한 영향을 끼친다는 사실을 깨달아야 한다.

히말라야 산맥 높은 곳에 자리 잡은 작은 왕국 부탄 사람들의 삶을 잠깐 들여다보자. 부탄은 진귀한 천연자원이 풍부하고, 오래된 나무와 다양한 생물종이 서식하고, 불교적 삶의 지혜가 넘치는 나라이다. 가파른 암벽에는 많은 사원들이 둥지를 틀고 있고, 사람들이 명상을 하러 사원을 찾는다. 부탄 사람들에게 명상은 삶의 일부이다.

부탄에서는 이런 이야기가 전해진다. 언젠가 한 농업연구소에서 수확량을 2배로 올릴 수 있는 새로운 옥수수 품종을 개발했는데, 연구소 측은 이 옥수수 품종을 시험적으로 경작할 농부를 찾았다. 얼마 후 시험 경작에 응한 농부는 실제로 예전보다 2배나 많은 옥수수를 수확했다. 새 품종을 개발한 사람들의 기쁨은 컸다. 이대로만 가면 가난을 극복하는 것도 시간 문제일 것 같았다. 이듬해 파종할 시기가 되자 연구소 측은 다시 그 농부를 찾았다. 그러나 농부는 집에 없었다. 이웃에 물어보니 그 농부는 명상을 하러 산중의 사원에 들어갔다고 했다. 1년 동안 2년 먹을 것을 수확했으니 한 해는 명상과 불공으로 보내도 된다고 생각한 것이다.

부탄의 왕도 이 농부와 생각이 같았다. 국민총생산(GNP), 즉 돈으로 환산되는 재화와 서비스 총액을 높이는 것이 아니라 국민총행복(GNH)을 높이는 것에 국가의 미래가 있다고 판단한 것이다. 부탄의 왕이 중요하게 생각한 것은 돈이나 물질적 풍요가 아니라 국민 개개인의 행복감이었다. 많은 사람들이 이런 생각을 비웃고, 오랫동안 세계와 담을 쌓고 살아온, 경쟁력이라고는 눈을 씻고도 찾아볼 수 없을 정도로 뒤떨어진 작은 왕국의 괴팍한 생각쯤으로 치부해 버릴 것이다. 그러나 그것은 오만이다. 철저하게 자기중심주의에 빠진 오만이다. 우리는 지금까지 유지해 온 소비 중심의 생활방식을 하루빨리 바꾸어야 하는데도, 그런 오만함으로 변화의 필요성을 인정하지 않으려 한다. 심지어 그런 생활방식을 전 세계에 수출까지 하고 있으니 오만함을 넘어 어리석기까지 하다.

오늘날은 복지를 오로지 경제 수준, 즉 어떤 자동차를 타고, 어디로 휴가를 떠나고, 어떤 상표의 제품을 쓰고, 어떤 디자이너의 옷을 입느냐에 따라 판단하는 세상이 되어 버렸다. 이런 세상에서는 경제성장만 내세울 뿐, 애정 어린 태도로 자연을 대하는 문화적 전통과 사회 규범도 함께 존중해야 할 필요성을 느끼지 못한다. 하지만 동물과 식물의 다양한 종을 보호해야 하는 것과 마찬가지로, 지구촌에 존재하는 인간 군락의 다양한 삶의 양태와 삶의 철학도 지켜져야 한다. 세계의 다양한 문화가 서구의 세계화에 희생되는 순간 세상은 더욱더 삭막하고 가난해질 것이기 때문이다.

우리는 더 이상 근시안적으로 자연을 착취하거나 혹사해서는 안 된다. 경제 발전이 순식간에 꺼져 버리는 짚불이 아니라 앞으로도 지속될 밑불이 되기 위해서는 '자연'이라는 자본이 제공하는 잉여 생산물만으로 사는 방법을 찾아야 한다.

온갖 다채로운 동식물을 지키는 것은 도덕적인 의무이다. 또한 자연의 다양성 보존에 투자하는 것은 사치가 아니라 인간의 생존에 꼭 필요한 일이고, 경제 발전을 위한 밑거름이 되기도 한다. 흔히 생각하는 것과 달리, 환경과 경제는 결코 대립 관계가 아니라 떼어 놓고 생각할 수 없을 만큼 서로 의존하는 동맹 관계이다. '사회 안정'과 '평화로운 공존'을 달성하기 위해서는 '자연의 다양성'이 결정적인 조건이기 때문이다. 이 세 가지는 인간 사회의 '지속가능한 성장'이라는 지붕을 떠받치는 기둥이다. 지속가능한 환경 정책은 가난을 극복하고 모든 사람에게 균등한 기회를 제공하는 것을 목표로 하는 평화 정책의 한 부분이다.

그런데 인간이 삶과 복지를 위해 자연과 환경을 이용하는 많은 영역에서 '지속가능하다'는 말은 무슨 뜻일까? 동식물의 다양성은 왜 보존되어야 할까? 각 생물종들을 정자은행에 보관해 두었다가 필요할 때 꺼내서 다시 만들면 되지 않을까? 열대우림을 그렇게 소중하게 여기는 까닭은 무엇일까? 자원을 소모하는 것이 아니라 계속 자연적으로 생겨나게 하는 에너지원과 환경에 전혀 부담을 주지 않거나 부담을 훨씬 덜 주는 새로운 에너지원이 정말 필요한 것일까? 기온은 왜 올라가면 안 될까? 겨울철에는 난방비를 절약할 수도 있을 텐데 말이다. 지속가능한 발전을 위해 무엇보다 중요한 것은 무엇일까? 수많은 동식물에게 생활 터전을 제공하는 습지일까, 아니면 옥수수나 밀, 감자, 쌀을 수확할 수 있도록 습지를 간척하는 것일까? 이러한 물음들과 지속가능한 발전을 위한 자연의 생산력 사이에는 어떤 관련성이 있는 것일까?

인간이 자연에 끼치는 영향력과 한계에 대한 인식은 점점 명확해지고 있다. 하지만 우리의 지식 속에 아직 공백 상태로 남아 있는 것들도 점점 뚜렷해지고 있다. 우리는 우주 공간에서 일어나는 일보다 깊은 바다에서 일어나는 것에 대해 더 모르고, 새로운 동물종과 식물종이 발견될 때마다 지구상에는 아직 발견될 것이 너무 많다는 것을 깨닫는다. 과학 연구가 자연과 생명에 대한 새로운 발견 속에서 끊임없이 의문을 제기하는 것은 당연하다. 과학은 지금까지 축적된 지식을 반박하고, 심지어 확실하다고 여겨지는 것들에 대해서도 언제나 비판의 문을 열어 두어야 한다. 하지만, 그것을 핑계로 현재의 과학 지식이 요구하고 있는 단호한 행동을 기피해서는 안 된다.

모든 사람이 환경 파괴의 필연적 과정을 깨닫고 거기서 무언가 스스로 결론을 끄집어내기 위해서는 과학 지식 자체가 모든 이에게 개방되어야 하고 구체적이고 이해하기 쉬운 말로 옮겨져야 한다. 스스로 이해하고 깨달은 것만이 우리의 행동에 동기를 부여하고, 정치인들에게 적극적인 변화를 요구할 수 있기 때문이다. 중요한 것은 미래의 주인공인 청소년들에게 환경과 지속가능한 성장이라는 어려우면서도 매혹적인 문제에 관심을 갖게 하고 그 연관성을 더 잘 이해시키는 것이다. 또한 새로운 해결책과 새로운 태도, 새로운 기술을 연구하고 시험하는 것도 그에 못지않게 중요한 과제이다.

물론 자연과 환경에 대한 연구는 기술의 문제 이상이다. 성서의 창세기 2장에 이런 글귀가 나온다. "신은 인간을 에덴동산에 데려다 놓고 그곳을 경작하고 보존하게 하셨다." 기독교에서 인간에게 부여한 이 사명은 다른 세계 종교에서도 비슷한 형태로 나타나는데, 그것이 바로 종교가 바라보는 인간관과 자연관의 일부이기 때문이다. 우리 인간은 지상 낙원인 에덴동산을 이용할 수 있지만, 다음 세대들도 계속 여기서 살아갈 수 있도록 이 동산을 지키고 보존해야 할 의무도 있다.

빈부 문제

케이크, 아이스크림, 감자튀김, 피자……. 거의 모든 사람이 즐겨
먹는 음식들이다. 미국과 독일 등지에서는 많은 어른과
어린아이들이 이런 음식을 너무 많이 먹어 불룩 튀어나온 배를
내밀고 다닌다. 그런데 우리가 과체중 때문에 걱정할 때 지구촌의
다른 지역에서는 그와는 정반대의 문제로 상상하기 어려운 고통을
겪는 사람들이 있다. 먹을 것이 없어 굶주리고 죽어 가는
사람들이다. 아프리카의 식량난과 굶어 죽는 아이들에 대한 보도는
언제나 세계인들의 마음에 충격을 안겨 준다. 지금도 사정이
이런데, 앞으로 인구가 80억 명, 90억 명으로 늘어나면 어떻게
될까? 더욱이 가장 극심한 고통에 시달리는 나라에서 가장 많은
아이들이 태어나고 있다. 반대로 배불리 먹고 안전한 삶이 보장된
나라들에서는 출생률이 감소하고 있다. 거꾸로 돌아가는 세상이다.
불공평하고 잘못된 세상이다.

'클라라'는 독일 어디에서나 쉽게 만날 수 있고, 통계상 평균치에 해당하는 여성이다. 클라라는 정규 교육을 받은 사람의 전형적인 삶을 보여준다. 오빠가 하나 있는 클라라는 몇 년 동안 유치원을 다니다가 일곱 살에 학교에 입학했다. 수업이 끝나면 친구들과 어울려 놀거나 발레와 악기를 배우러 다녔다. 읽기와 쓰기도 빠른 속도로 배워 나갔다. 열네 살 때 학교에서 성교육을 받았고, 열일곱 살 때 처음으로 남자 친구를 사귀었다. 클라라는 에이즈를 예방하는 방법과 원치 않는 아기를 갖지 않는 피임법을 알고 있었다. 열아홉 살에 고등학교를 졸업한 뒤 대학에 입학했고, 부모의 집에서 독립해 나왔다. 대학 졸업과 함께 직장을 얻은 클라라는 스물아홉 살에 직장 동료와 결혼했다. 서른두 살에 아이를 낳았고, 서른여섯에는 다시 직장 생활을 시작했다. 예순둘에 할머니가 되어 손자를 보았고, 여든한 살에 세상을 떠났다. 뜻하지 않은 일로 상심하거나 힘든 나날도 있었지만, 한 번도 먹을 것을 구하려고 피 터지게 싸울 필요가 없었던 만족스러운 삶이었다.

반면에 에티오피아의 어떤 가정에서 일곱 자식 가운데 하나로 태어난 '베자'의 삶은 완전히 달랐다. 베자는 여덟 살이 되어도 학교에 가지 못했다. 가정 형편상 부모는 아들들의 수업료를 내기에도 버거웠다. 베자는 땔감을 구해 오고 어머니를 도와 집안일과 밭일을 했다. 읽기와 쓰기를 배우는 것은 꿈도 꾸지 못했다. 베자가 열세 살 때 어머니가 에이즈로 죽었다. 그 후 언니들과 함께 집안살림을 하고 동생들을 돌보았다. 열일곱 살 때 아버지가 골라 준 서른한 살 남자와 결혼했다. 곧 첫아이가 태어났고, 스무 살에 낳은 둘째 아이는 태어나자마자 죽었다. 서른 살 때 다섯 번째 임신을 했다가 심각한 합병증으로 간신히 목숨만 구했다. 서른넷에 여섯째를 낳았고, 그제야 처음으로 피임약이라는 것을 알게 되었다. 그 뒤로는 더 이상 아이를 낳지 않았다. 베자는 클라라가 다시 직장 생활을 시작한 서른여섯에 벌써 손자를 셋이나 두었고, 마흔아홉에 고단한 일생을 마감했다.

인구가 줄어드는 사회와 인구가 늘어나는 사회

똑같은 인간인데도 두 사람의 인생행로가 어쩌면 이렇게 다를까? 사회 보호망 속에서 사는 클라라의 가장 큰 고민거리는 직장과 가정을 함께 꾸려 가는 문제였다. 그래서 아이도 하나만 낳았다. 반면에 어릴 때부터 일을 해야 했던 베자는 고된 노동과 많은 자녀들 때문에 몸이 빨리 쇠약해졌다. 하나의 지구 속에 완전히 다른 두 세계의 모습이다. 클라라와 베자는 현재의 극단적인 상황을 그대로 반영한다. 한쪽은 인구 증가와 짧은 수명으로 대변되는 사회이고, 다른 쪽은 인구 감소와 긴 수명이 특징인 사회이다. 이 두 가지 현상은 지구상에서 함께 나타나고 있다. 선진국에서는 어떻게 출생률을 높여 고령화 사회의 문제점을 해결할까 하는 문제로 골머리를 앓는 반면, 개발도상국에서는 젊은 남녀의 임신을 막기 위해 온갖 노력을 기울이고 있다.

　이 둘은 서로 다른 방향으로 진행되기에 얼핏 보면 전체적으로 균형이 맞을 듯하지만

속을 들여다보면 그렇지 않다. 유럽의 인구 감소가 개발도상국의 인구 증가를 따라잡지 못하는 것이다. 그래서 인류는 계속 늘어나고, 지구는 점점 더 많은 사람들을 견뎌 내며 먹여 살려야 한다. '베쟈'는 점점 많아지고 '클라라'는 점점 사라진다. 그뿐 아니라 빈부 격차도 점점 더 크게 벌어지고 있다. 이런 가운데 모든 사람이 원하는 것은 단 한 가지이다. 건강하게 살고, 풍족하게 먹고 마시고, 자신과 아이들을 위해 미래를 품어 안는 것이다. 그것은 결코 불가능한 일이 아니다. 우리가 자연을 정말 정성껏 다루고, 자연을 착취하는 대신 진정으로 '경작'한다면 말이다.

현재 65억의 인구가 지구에 살고 있고, 2012년이면 70억 명에 이를 것으로 추정된다. 날마다 약 22만 1000명, 1분에 154명이 새로 태어난다. 그러니까 해마다 남북한 전체 주민 수에 해당하는 7000만~7500만 정도의 인구가 늘어나고 있다. 역사상 지난 100여 년만큼이나 인구가 빠르게 늘어난 적은 없었다. 1804년에 처음으로 10억 명에 이른 인구는 1999년에 60억 명에 이르렀다. 더구나 20세기 100년 동안 세계 인구는 4배 가까이 증가하였다. 일찍이 유례가 없는 일이었다. 그렇다면 이러한 상황은 앞으로 어떻게 전개될까?

미래를 예측하는 것은 언제나 어렵다. 특히 인간의 행동을 계산에 넣어야 할 때에는 더더욱 그렇다. 지난 수십 년 동안 확인된 바와 같이 인간의 행동은 바뀐다. 1950년대와 1960년대는 베이비 붐 시대로 세 자녀, 네자녀, 다섯 자녀 가정이 흔했던 데 비해, 오늘날에 독일의 한 가정당 평균자녀 수는 1.3명이다. 피임약과 피임 도구들이 있어서 이런 일이 가능해졌다. 모든 아이는 한 아버지와 한 어머니 사이에서 태어난다. 그래서 계산상 한 사회의 '재생산률', 즉 현재 상태를 유지하기 위해 필요한 자녀의 수는 여성 1인당 둘이다. 그러나 유럽의 나라들은 거의 모두 이 수치보다 한참 낮다. 작은 섬나라인 아이슬란드만 두 명이 조금 넘을 뿐이다. 맞벌이 부부에 대한 지원 체계가 독일보다 훨씬 잘 갖추어진 프랑스와 노르웨이, 스웨덴은 여성 1인당 출산율이 두 명에 가깝지만, 둘을 넘기지는 못하고 있다.[1]

이렇듯, 수백 년 동안 인구가 계속 증가하기만 했던 유럽에서 인구가 차츰 줄어들고 있다. 해마다 태어나는 신생아의 수보다 죽는 사람의 수가 더 많다. 그렇다고 머잖은 미래에 유럽 곳곳이 유령 도시로 변하거나 황폐한 땅과 텅 빈 거리가 될 거라는 말은 아니다. 유럽은 예나 지금이나 인구 밀도가 매우 높은 대륙이다. 그러나 인구 밀도가 계속 감소하는 추세이다. 이민자를 받아들이는 것만이 그런 추세에 변화를 줄 수 있겠지만, 그런 '다인종 사회'를 이루는 것은 쉽지 않다. 다른 인종에 대한 관용과 개방성, 그리고 높은 화합 정신이 필요하기 때문이다.

그런데 인구 감소 문제는 농촌에서 훨씬 더 심각하다. 또한 많은 지방 도시들도 점점 줄어드는 인구로 고민이 깊어지고 있다. 인구 감소는 주택 건설과 서비스 산업, 교통을 비롯한 여러 문제에 막대한 영향을 끼치기 때문이다. 그래서 특히 인프라 분야에서 미래에 대한 정확한 예측을 바탕으로 계획을 세우고 적응력을 키우는 것이 앞으로 인구 감소 국가들이 풀어야 할 가장 큰 과제가 될 것이다.

고령화 문제

인구가 줄어들 뿐 아니라 노년층이 점점 많아지고 있다. 균형 잡힌 식사와 육체노동의 감소, 의학의 발달, 위생의 개선은 인간의 수명을 상상할 수 없을 정도로 높여 주었다. 20세기 초보다 수명이 30년이나 늘어났는데, 현재 예측으로는 더 늘어날 것으로 본다. 물론 더 오래 살게 된다면 당연히 기뻐할 일이다. 하지만 인구가 줄고 있는 사회에서는 그런 현상에 따르는 부정적인 결과를 감수할 수밖에 없다.

지난 40년 사이 평균 수명은 6년이 더 늘어나 여성은 87세, 남성은 81세가 되었다. 대다수 개발도상국의 인구 분포도는 젊은층이 넓은 발판을 차지하고 노년층이 뾰족한 꼭대기를 이루는 피라미드형에 가깝다. 젊은층이 많고 노년 인구가 적은 것이다. 그러나 유럽은 정반대로 젊은층이 점점 줄고 노년층은 늘고 있다. 선진 공업국의 인구 감소 현상에서 무엇보다 심각한 문제는 단순한 인구 부족이 아니라 연령 분포이다.

거기서 초래되는 결정적인 문제는 '점점 줄어드는 젊은층이 어떻게 점점 많아지는 노년층을 부양할 것인가?'이다. 수명이 늘어나면서 연금을 받는 사람의 수는 많아지고, 연금을 받는 기간도 길어지기 때문이다. 해결책이 없진 않다. 체계적인 이주 정책, 그리고 직장 생활과 가정생활을 조화시키기 위한 프로그램이 그것이다. 아이를 가졌을 때 영영 직장 생활을 포기해야 할지도 모른다는 두려움이 있다면 여성은 아이 낳기를 주저한다. 또한 고용주들이 임신을 공동의 이익이 아닌 부담으로 느낀다면 젊은 여성들은 아이를 가지려고 하지 않는다.

아이를 짐으로만 여기는 나라는 스스로 미래를 포기하는 것이나 다름없다. 사회가 늙어가는 것을 막으려면 아이를 가지려는 즐거운 마음과 용기를 불어넣고, 아이를 낳아도 사회적으로 불이익을 받지 않는다는 보장과 국가가 어느 정도 아이의 양육을 담당해 주는 사회복지 정책이 있어야 한다. 더 나아가 우리의 생활방식을 되돌아볼 필요가 있다. 물질적 풍요만을 최고로 여기는 세상에서는 아이들이 그 자체로 가치 있는 존재로 인정받을 수 없기 때문이다.

누구에게도 아이를 낳으라고 강요할 수는 없다. 그 결정은 지극히 개인적이면서도 막중한 문제이다. 아이를 낳는 가정에 일정한 재정 지원을 하는 것이 출산율에 도움이 되기는 하지만 효과는 예상보다 적은 것으로 나타났다. 예를 들어 프랑스는 아이 한 명당 지급하는 육아 수당이 독일보다 적지만, 출산율은 독일보다 높다. 보육 체계가 잘 짜여 있는 데다 가족을 중시하는 전통 덕분이다. 따라서 물질적 지원보다 중요한 것은 가족과 아이의 가치를 소중하게 생각하는 사회적 분위기이다. 그 밖에 젊은 남녀의 출산율을 높이기 위해서는 안정된 고용 관계와 융통성 있는 노동 시간, 더 많은 보육 시설, 전일제 수업, 다자녀 가구에 대한 주거 지원, 새로운 가족 의식이 필요하다.

아이들과 가난

선진국에서는 어떻게든 아이를 하나라도 더 낳게 하려고 고민하는 반면, 개발도상국에서는 많은 아이들을 어떻게 먹여 살리느냐 하는 문제로 고심을 거듭하고 있다. 특히 아프리카가 그렇다. 사하라 사막 남쪽에 있는 나라들에서는 여성 1인당 평균 출산율이 5.5명이다.

일반적으로 가장 가난한 나라에 사는 여성들이 여전히 가장 많은 아이를 낳는다. 아시아와 라틴아메리카도 마찬가지이다. 베자의 고향 에티오피아에는 현재 약 8000만 명이 살고 있다. 인구수로는 클라라의 고향인 독일과 비슷하다. 하지만 독일은 2050년까지 몇백만 명이 줄어들 전망이지만 에티오피아는 2배 이상 늘어날 것으로 보인다.

이런 추세가 지속된다면 21세기 중반에는 세계 인구가 90억 명에 이를 것이다. 지금과 비교하면 3분의 1 가까이 늘어난 수치이다. 그런데 그 중에서 15억 명 정도만 북반구의 선진국에 거주하고, 나머지는 지금의 개발도상국에 살게 될 것이다. 이로써 세계의 인구는 점점 남쪽에 밀집하게 된다. 그것도 도시 중심으로 말이다. 예를 들어 중국은 2030년이면 반 이상이 도시에 살 것으로 보인다. 이것 역시 인간의 공존에 심각한 영향을 미친다.

지금도 충분한 음식과 마실 물을 얻지 못하는 사람들이 많다. 집과 일자리는 말할 것도 없다. 전 세계 8억 인구가 굶주린 채 잠자리에 든다. 그것은 유럽연합의 인구보다 많은 숫자이다. 그동안 많은 노력을 기울였지

라이브 에이드 1980년대 중반에 에티오피아에서 대기근이 발생했다. 그러자 영국의 록 밴드 '붐타운 래츠'의 리드 보컬인 밥 겔도프는 더 이상 손을 놓고 있을 수가 없었다. 그는 동료 가수들을 모아 그때까지 역사상 가장 규모가 큰 자선 공연을 기획했는데, 그것이 바로 '라이브 에이드'(Live Aid) 콘서트였다. 당대를 대표하는 록 가수 데이비드 보위와 믹 재거, 밥 딜런, 폴 매카트니, 필 콜린스, 마돈나 등이 런던과 필라델피아에 모였고, 두 곳에서 나란히 진행된 공연은 번갈아 가며 전 세계로 실황 중계되었다. 이 공연은 입장료를 비롯해서 지금까지 판매된 공연 비디오테이프와 CD, DVD를 합쳐 모두 1억 4000만 유로 이상의 수익을 올렸다. 밥 겔도프는 2005년에 유투(U2) 그룹의 리드 보컬 보노와 함께 '라이브 8'이라는 새로운 이름의 라이브 에이드 공연을 열기도 했다. 그런데 이 공연의 목적은 기부금 마련이 아니라 주요 선진국의 결정권자들에게 아프리카 개발 원조금의 지원 확대와 채무 면제를 촉구하는 대대적인 서명 운동이었다. 이 공연들의 목표는 부분적으로나마 성공을 거두었다고 할 수 있다.

만 상황은 거의 변하지 않았다. 세계 곳곳에서 보내는 구호물자와 유명 인사들의 기부나 자선 공연도 기껏해야 이런 불행을 덜어 줄 수는 있을지언정 해결해 주지는 못한다.

빈곤은 아직도 지나간 과거의 일이 아니다. 자연과 환경을 더 이상 혹사하지 않으면서 빈곤을 역사 속으로 묻어 버리는 것이 미래의 중심 과제이다. 그런데 문제의 본질은 식량 부족이 아니라 부의 불균등에 있다. 세계 전체로 보면 모두에게 돌아갈 빵은 충분한데 그것이 골고루 분배되지 않아 사람들이 굶고 있는 것이다. 기아를 알리는 뉴스가 넘쳐나는 이유도 거기에 있다. 이대로는 안 된다. 지구는 우리 모두가 먹고도 남을 양식을 제공해 주고 있다. 물론 지금까지는 말이다. 인구가 120억, 150억 명이 되면 상황이 달라질 수도 있다.

굶주림을 막을 수 있다는 것은 다음 수치에서도 드러난다. 1990년대에 영양 부족에 시달린 어린이의 80퍼센트는 식량을 많이 생산하는 나라에 사는 아이들이었다. 이런 나라들에서는 농작물을 자기 나라 국민들을 먹여 살리는 데 쓰는 것이 아니라 세계 시장에 내다 팔았는데, 그래야 더 많은 수익을 올리기 때문이었다. 반면에 선진국 사람들은 다이어트를 하기에 바쁘다. 어렸을 때부터 너무 많이 먹어 왔고, 곳곳에 먹을 것이 넘쳐난다. 건강을 위해 다이어트를 해야 할 사람들이 먹는 것을 조금만 줄여 굶주림에 시달리는 사람들에게 나누어 줄 수는 없을까?

하지만 기아 문제를 해결하는 일은 그리 간단치 않다. 세계보건기구(WHO)는 세계적으로 비만 인구가 10억 명에 이른다고 발표했는데, 그것은 굶주리는 사람보다 더 많다. 비만인 사람들이 살을 빼는 것은 바람직하다. 하지만 비만과의 전쟁이 기아 문제를 해결해 주지는 못한다. 다시 말해서, 선진국에서 식량 소비와 낭비를 줄이는 것은 꼭 필요한 일이지만 그

것으로 굶주리는 사람들을 구제하지는 못한다. 굶주림은 가난을 비롯해서 질병, 자연 재앙, 전쟁, 폭동, 부패와 연결되어 있기 때문이다. 그렇다면 가난한 사람들에게 먹을 것을 공급하기 위해선 무엇을 해야 할까?

자립을 위한 원조

굶주리는 사람들에게 밀, 쌀, 콩, 수수를 보내는 것은 결코 궁극적인 해결책이 될 수 없다. 해일이나 지진, 가뭄, 태풍으로 대규모 자연재해가 일어났을 때에는 이런 직접적인 원조가 반드시 필요하다. 그것은 인간이라면 누구에게나 있는 동정심의 자연스러운 표출이기도 하다. 그러나 그럴 때 말고 외부에서 식량을 지원하는 것은 현지 시장을 어지럽히고, 현지의 농업 구조와 토대를 망가뜨릴 뿐이다.

자립을 위한 원조의 기본 원칙은 20년 전이나 지금이나 똑같다. 직장에서 일을 하건 자기 땅에서 농사를 짓건 오로지 일을 하는 사람만이 자신과 가족을 지속적으로 먹여 살릴 수 있다는 것이다. 문제는 모든 인간이 그렇게 살 수 있는 조건을 어떻게 만들어 주느냐이다.

개발도상국 지원 문제에서 코피 아난 전 유엔 사무총장의 자문을 담당했던 미국 경제학자 제프리 색스는 불가능해 보이는 일을 가능한 것으로 여겼다. 지구상에서 10년 안에 빈곤을 퇴치하겠다는 것이다. 그는 전 세계를 돌아다니며 자신의 이 구상에 회의적인 사람들을 설득해 나갔다. 그의 이론에 따르면, 심각한 빈곤은 열악한 조건들 때문에 경제성장 과정을 시작조차 하지 못하는 곳에서 발생한다. 그런 조건으로는 에이즈나 말라리아 같은 질병, 도로나 항만 같은 인프라의 부족, 또는 모기장이나 펌프같이 지극히 단순한 테크놀로지의 결핍을 들 수 있다. 제프리 색스는 외부 지원으로 이러한 결핍을 제거한다면 이 나라들도 얼마든지 경제 성장을 시작할 수 있고, 10억에 가까운 사람들이 극심한 가난에서 벗어나 최저 생계비에 도달할 수 있을 거라고 낙관했다.

그러나 그러기 위해선 지금보다 훨씬 더 많은 돈이 필요하다. 부유한 선진국들이 2004년에 제공한 800억 달러를 넘어 1000억, 1500억, 아니 그 이상의 달러가 필요하다. 이 돈은 1992년 브라질 리우데자네이루에서 열린 유엔환경개발회의에서 떠맡은 분담금으로, 당시 각국 정상들은 개발 협력 자금으로 국민총생산의 0.7퍼센트를 되도록 빨리 추렴하기로 합의했다. 그런데 유럽의 몇 나라만 그 목표를 이루었을 뿐, 나머지는 겨우 반 정도만 지출하는 데 그치고 있다.

가난한 나라들은 빈곤과 인구 증가의 악순환에서 자력으로는 빠져나오지 못한다. 이들 국가를 돕는 것을 자선이나 자비 행위로 생각하는 사람들도 있지만 그렇지 않다. 그것은 자선이 아니라 전적으로 우리 자신의 이해관계에 따른 행동이다. 왜냐하면 개발도상국들에 대한 투자는 세계를 좀 더 안전한 곳으로 만들고, 빈곤 때문에 생겨나는 난민과 사회적 갈등을 줄일 수 있기 때문이다. 결국 개발도상국들에 대한 지원은 우리에게도 이익이 되는 일이다. 하지만 경제적 지원만으로는 충분치 않다. 젊은이들을 훌륭하게 교육하고, 높은 지원금을 받아 생산한 농산물이 수출되지 않도록 하는 것도 필요하다.

제프리 색스는 빈곤 퇴치를 위한 투쟁의 발판으로 유엔 결의문을 끌어들였다. 새 밀레니엄을 여는 시기에 각 나라의 지도자들이 한데 모여 야심 찬 목표를 담은 결의문을 발표했는데, 2015년까지 극빈층의 고통을 뚜렷하게 줄이겠다는 것이었다. 세계의 저명 정치인들은 이른바 '밀레니엄 개발 목표'라는 구체적인 여덟 개 항목에 합의했다. 목표 기간이 반 정도 지난 시점에서 되돌아보면 성공과 좌절이 뒤섞여 있다. 라틴아메리카와 아시아 일부 지역에서는 뚜렷한 발전이 있었지만, 아프리카에서는 목표가 완전히 빗나간 것이다.

현재도 기아 문제를 해결하지 못한 상태에서 앞으로 세계 인구가 점점 더 늘어나기만 한다면 어떤 위험이 닥칠까? 기후변화는 농업 생산량에 어떤 영향을 미칠까? 그에 대해 유엔 산하 식량농업기구(FAO)는 지금보다 훨씬 어렵겠지만 충분히 극복할 수 있는 과제라고 대답했다. 지난 수십 년 동안 수확량은 끊임없이 증가해 왔고, 밀과 쌀의 생산량도 계속 늘었기 때문이다. 그런 추세는 앞으로도 계속될 것이다. 지금 중요한 것은, 물을 덜 쓰면서 수확량을 높일 수 있는 기술 개발 같은 지혜로운 경작 방식을 도입하고 환경보호 규정을 개선하는 것이다. 따라서 토양을 유지하고, 사막화의 확산을 막기 위해 국가 간에 긴밀한 협력이 시급하다. 또한 개발도상국의 농산품이 정부 보조금을 많이 받아 생산되는 선진국의 농산품 때문에 시장에서 밀려나지 않기 위해서는 효율적 경작 방식을 개발할 수 있도록 도와야 한다.

영국의 식민 지배에 맞서 비폭력 저항 운동을 조직하고 인도인들에게 자신들의 힘을 믿으라고 촉구했던 마하트마 간디는 이렇게 말했다. "세상은 모든 사람의 필요를 채워 주기엔 넉넉하지만, 모든 사람의 탐욕까지 채워 줄 정도는 아니다." 오늘날에도 여전히 새겨들어야 할 명언이다.

논란이 분분한 유전공학

어떤 사람들은 인류가 안고 있는 여러 난제를 유전공학이 단숨에 해결해 줄 거라고 기대한다. 이를테면 유전공학의 도움으로 저항력이 강하고 수확량이 훨씬 많은 품종을 개발해서 기아 문제를 해결하고, 의학 분야에서도 획기적인 발전을 이루어 현대의 난치병들을 고칠 수 있다고 믿는 것이다. 하지만 이런 장밋빛 전망에도 논란이 많다. 그렇다면 유전공학의 실질적 가능성은 얼마나 되는 것일까?

오늘날에는 유전자들의 상호 작용까지 밝히지는 못했지만, 인간 유전자를 이루는 부분은 모두 해독되었다. 그로써 인간에게 도움을 주기 위해 유전자를 의도적으로 조작할 가능성과 유혹이 커졌다. 이는 특히 의학적 지식을 넓혀 줄, 이른바 '백색 유전공학'(산업적 생물공학)에 해당된다. 중병으로 고생하는 많은 환자들이 이 분야의 발전에 희망을 걸고 있다.

동물과 식물의 유전자 구조에 직접 개입할 수도 있게 되었다. 예를 들어 특정 병원체에 대한 저항력을 길러 주려고 하거나, 동식물의 물 수요를 감소시키거나, 운반할 때 변질되지 않게 하거나, 또는 비타민은 더 생기게 하고 지방은 덜 생기게 하고자 할 때 동식물의 유전자를 조작한다. 이런 '녹색 유전공학'(농업적 유전공학)의 앞날은 논란이 많은 만큼 전망도 밝다. 이 분야에서 논란이 되는 문제는 대개 이런 것들이다. 유전자 조작 식물들이 정말 일반 식물보다 효과가 클까? 인간과 자연에 미치는 부정적인 영향에 대해서는 충분히 연구했을까? 잘못과 피해에 대한 책임은 누가 져야 할까? 유전자 조작 식물의 주인은 누구일까? 그것을 만든 기업일까, 아니면 인간 모두일까? 오늘날 우리는 아주 초보적인 수준에서 이런 물음들에 답을 내리고 있다. 아마 제대로 된 답을 찾으려면 앞으로도 수많은 연구와 논의가 필요하겠지만, 유전자 변형의 한계와 가능성을 깊이 있게 가늠하기 위해서는 그런 과정을 꼭 거쳐야 할 것이다.

아우구스티누스파의 수도사였던 그레고르 멘델은 유명한 '멘델 법칙'과 식물 교배로 19세기에 벌써 식물종의 개선에 나선 선구자였다. 그는 식물의 열성을 솎아 버리고 우성을 취하는 방법을 썼는데, 사람들은 이 방법을 농업에 도입함으로써 식물의 유전자 구조에 직접 개입하지 않고도 수확을 엄청나게 증대할 수 있었다. 멘델의 이 방법은 오늘날 더욱 개선된 방법과 지식으로 무장해서 성공적으로 실시되고 있고, 관련 연구도 나날이 발전하고 있다. 이런 방향은 되돌릴 수 없다. 한번 획득된

지식을 없었던 것으로 돌릴 수는 없기 때문이다. 스위스 출신의 작가 프리드리히 뒤렌마트는 유명한 희곡 작품 『물리학자들』에서 과학 지식의 남용 가능성을 경고했다. 과학 지식이 우리의 일상에 미치는 막대한 영향력을 생각하면 그것을 다루는 태도 역시 좀 더 신중하고 책임감이 따라야 할 것이다.

그래서 유엔은 2000년에 생물학적 안전을 위해 ‘카르타헤나 의정서’라는 구속력 있는 국제 조약을 체결했다. 이 합의서에는 유전자 변형 동식물의 국제적인 거래에 대한 규정이 담겨 있는데, 유전자 변형 식품으로 생길지도 모르는 위험을 통제하려는 목적이다. 이 의정서가 실제로 효과를 발휘할 것인지는 좀 더 지켜보아야 한다.

유전공학이 인류를 구원해 줄 거라며 기대감을 지나치게 부추기는 것도 문제이지만, 유전공학을 싸잡아서 비난하는 것도 바람직하지는 않다. 지금으로서 분명한 것은 아무리 유전공학이 발달해도 그것만으로는 점점 늘어나는 세계 인구를 감당하지 못한다는 사실이다. 물론 해충에 저항력이 강하고 성장이 빠른 식물을 개발하는 것이 식량 문제를 개선하는 데 도움이 되는 건 분명하지만, 그것이 근본적인 해결책은 될 수 없다. 무엇보다 농업 생산성이 획기적으로 증대하고 다양한 유용 작물을 보존하는 것이 개발도상국 식량 안전의 토대가 되어야 한다.

기아는 무엇보다 식량 증대와 분배의 문제이다. 먹을 것은 아직 충분하다. 세계식량농업기구의 추산으로도 앞으로 30년 동안은 그럴 것이라고 한다. 그러나 중요한 것은, 인구 증가에 맞추어 농업 생산량도 증대해야 하지만, 그 과정에서 쌀과 옥수수, 밀의 경작을 가능케 하는 생태계를 위험에 빠뜨리거나 혹사하거나 파괴하는 일이 생겨서는 안 된다는 것이다.

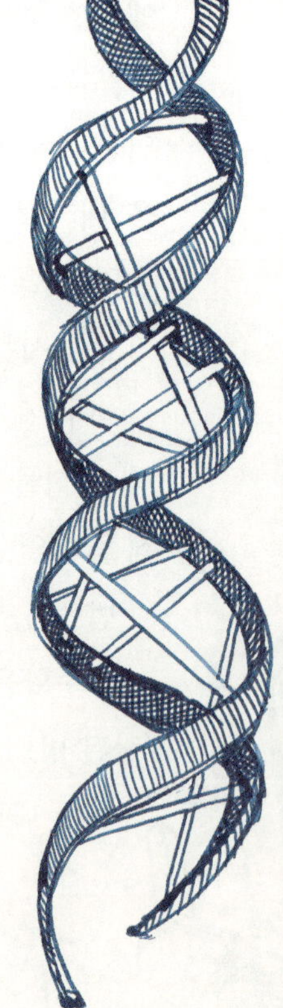

모두를 위한 콘돔

한 여성이 아이를 몇 명 낳을지는 여러 가지 요인에 달려 있다. 그중에서도 가장 중요한 것은, 그 여성이 교육 혜택을 받았느냐, 피임 도구를 사용해도 되는 사회에 살고 있느냐 하는 문제이다. 연구 결과에 따르면, 누구나 원하는 대로 콘돔이나 피임약, 또는 다른 피임 도구를 공급받았다면 개발도상국의 아이 다섯 명 중 하나는 세상에 태어나지 않았을 것이라고 한다. 물론 자발적으로 아이 낳는 것을 막을 수는 없고, 강제로 아이를 낳지 못하게 할 권리도 없다. 인구 문제가 어떻고, 식량 문제가 어떻고 하면서 전 세계적인 위기를 들이댄다고 하더라도 말이다. 혹시 출산율이 떨어지는 북반구의 나라들에서 남반구의 나라들을 향해 아이들을 너무 많이 낳는다고 비난한다면, 그것은 제 눈의 들보는 보지 못하고 남의 눈의 티끌만 탓하는 지극히 독선적인 태도이다. 지금껏 자원을 무한정 소비해서 지구에 부담을 지운 것은 바로 북반구의 선진국들이기 때문이다.

어쨌든 설문 조사에 따르면 베자와 비슷한 처지의 여성들은 어느 나라건 상관없이 아이를 적게 낳고 싶어 하는 것으로 드러났다. 문제는 그들에게 자녀의 수를 계획적으로 조절할 수단이 없다는 것이다. 그러므로 피임 수단에 쉽게 접근하게끔 만들고, 피임에 대한 문화적·종교적 거부감과 금기를 제거해야 한다. 아이를 낳을지 안 낳지는 당사자들의 자유로운 결정에 맡겨야 한다. 인간이 자연을 지혜롭게 이용한다면 지구는 지금보다 몇백만 명, 아니 몇십억 명은 더 먹여 살릴 수 있기 때문이다.

블루 골드

물이 부족하다. 사람이 사는 데 필요한 양질의 물이 부족하다.
많은 사람들이 수도꼭지에서 나오는 물을 사용하지만 세계
어디서나 그럴 수 있는 건 아니다. 깨끗한 물을 얻지 못하는
사람이 전 세계적으로 11억 명을 넘는다. 날마다 5000명이 더러운
물 때문에 쉽게 예방할 수 있는 질병에 걸려 목숨을 잃는데, 특히
어린아이들이 많다. 또한 환경이 열악한 곳에 사는 많은 여성과
어린아이들은 날마다 수 킬로미터를 걸어서 물을 길어 와야 한다.
반면에 우리는 아무 걱정 없이 물을 펑펑 쓰면서 산다. 아랍권이나
북아프리카 같은 지역에서는 물이 아주 귀하다. 끊임없이 증가하는
인구를 고려하면 인류는 식량과 함께 깨끗한 물까지 반드시
확보해야 한다. 따라서 미래의 가장 큰 과제 중 하나는 이 귀중한
자원인 물을 공평하게 분배하고 효율적으로 사용하는 것이다.

물은 모습이 수천수만 가지이다. 돌과 바위 사이를 굽이굽이 흘러 시내와 강을 이루기도 하고, 도로를 파헤치고 마을을 잠기게 하기도 한다. 우리는 물로 샤워를 하고 갈증을 달래고, 꽃에 물을 준다. 물은 색깔과 냄새와 맛이 없고, 빛을 통과시키고, 물질을 녹이는 탁월한 용매이다. 액체 상태일 때가 대부분이지만, 기체(수증기)나 고체(얼음) 상태일 때도 있다. 물은 더위를 식히는 상쾌한 소나기로 내리기도 하고, 세상을 하얗게 색칠하는 눈송이로 변하기도 하고, 후드득 장맛비로 퍼붓기도 한다. 물은 흙으로 스며들어 땅속에 지하수로 저장되고, 샘이 되고, 개천이 되고, 강이 된다. 마지막으로 바다로 흘러 들어간 물은 태양에 의해 다시 증발된다. 이렇게 영원한 물의 순환이 없으면 어떤 생명도 존재하지 못한다.

물은 건강의 원천이다. 우리의 면역력을 강화하고 몸을 젊고 건강하게 유지해 준다. 세계적인 문호 괴테도 작품 창작의 생명력을 얻기 위해 정기적으로 온천을 찾았다. 오늘날에도 많은 사람들이 온천과 광천수, 크나이프 요법[2]으로 활력을 얻는다. 물에는 근원적인 치유력이 있기 때문이다. 심지어 이런 요법의 신봉자들은 물속에 이런 효과를 대물림해 주는 '기억력'까지 있다고 믿는다.

 사람의 몸은 3분의 2가 물로 이루어져 있다. 물은 우리 몸에서 가장 중요한 운반 수단이자 용매이다. 물은 위산을 희석시키고, 소금을 분해해서 운반하며, 호르몬과 단백질, 비타민, 탄수화물을 용해시킨다. 사람에게 필요한 물의 양은 하루에 2리터이다. 수분을 보충하지 않은 채 땀을 너무 많이 흘리면 혈액에서 물이 빠져나가면서 피가 진해지고 산소 공급이 줄며, 곧이어 두통과 피로감, 변비, 경련 같은 탈수 증세가 나타난다. 기온에 따라 조금 차이는 있지만, 수분이 완전히 빠진 상태에서 사람은 3~7일밖에 살지 못한다. 그에 비해 음식을 먹지 않고는 50일까지도 버틸 수 있다.

물은 신비롭다. 세계의 모든 주요 종교에서 신의 존재는 물에 투영된다. 기독교인들은 새 신도에게 모든 죄악을 씻는다는 뜻으로 물로 세례를 해 준다. 불교인들은 사람이 죽으면 시신 옆에 항아리를 갖다 놓고 항아리가 넘치도록 물을 부어 물이 작은 사발 안에 방울방울 떨어지도록 한다. 영혼의 속죄 의식이다. 힌두교에서 물은 영혼을 영원한 생명으로 이끌거나, 아니면 다시 속세에 태어나게 한다. 힌두인들이 강, 특히 갠지스 강을 성스럽게 여기는 이유가 여기에 있다. 아랍의 사막 지역에서 탄생한 이슬람교에서는 물이 더욱더 귀하다. 그곳에서 물은 생명과 풍부한 결실, 초목의 상징이고, 메마름은 곧 결핍과 죽음의 상징이다. 그래서 성지인 메카 근처에서 성스러운 샘물을 마시는 것은 모든 이슬람 순례자들의 종교적 의무이다. 유대교에서는 사람들이 미크바[3]에서 성스러운 목욕을 한다. 여성들은 월경이 끝나거나 아이를 출산한 뒤 이곳에서 몸을 씻어야 하고, 남성들도 성스러운 축일이나 결혼식을 앞두고 여기서 목욕을 해야 한다.

물은 문화이다. 세계의 모든 문명은 나일 강, 유프라테스 강과 티그리스 강, 인더스 강, 황허 강 등 물가에서 발달했다. 그뿐 아니라 세계 곳곳에서 물은 오래된 문화의 발상지와 관련이 깊다. 세계의 아름다운 도시 가운데로는 대부분 강이 흐른다. 파리의 센 강, 런던의 템스 강, 로마의 테베레 강, 쾰른의 라인 강, 카이로의 나일 강을 예로 들 수 있다. 그 밖에 토론토, 부에노스아이레스, 뉴욕, 스톡홀름, 리스본 같은 도시들도 해안이나 강가, 강어귀에 위치해 있다.

물은 사회적이다. 물이 나오는 샘은 언제나 싸움의 근원지였지만 만남의 장소이기도 했다. 그것은 지금도 마찬가지이다. 분수나 샘이 보행자 구역이나 광장, 공원 같은 공공장소에 설치되어 있는 것은 결코 우연이 아니다. 또한 세계적으로 이름난 장소 치고 우물이나 분수가 없는 곳은 드물다. 로마의 베드로 광장, 뮌헨의 슈타쿠스 광장, 프랑크푸르트의 오페라 광장, 파리의 콩코드 광장이 그렇다. 그리고 사회적 공존의 일부로서 물의 역사도 아주 길다. 온천장과 온천 휴양지, 수영장, 현대적인 건강 센터들이 물의 사회적인 성격을 보여 주는 예이다.

물이 부족한 나라

물은 놀라울 정도로 다양한 형태로 존재한다. 그런데 우리의 푸른 행성 지구는 표면의 4분의 3이 물로 덮여 있음에도 많은 지역에서 물이 부족하다. 지구상에는 14억 세제곱미터의 물이 저장되어 있다. 하지만 그중 97퍼센트는 염분이 함유되어 마실 수 없는 바닷물이고, 담수는 겨우 3퍼센트일 뿐이다. 게다가 그중에서도 10분의 9가 극지방의 빙하나 만년설의 형태로 얼어 있어, 우리가 사용할 수 있는 것은 나머지 10분의 1밖에 되지 않는다. 그것은 비로 내려 호수와 연못, 강, 습지에 모인 물과 지하수이다. 물론 이 정도 물로도 우리 모두가 사용하기에 충분하다. 다만, 문제는 이 담수가 특정 지역에 집중돼 있고, 다른 지역에서는 물이 점점 고갈되어 가고 있다는 사실이다.

브라질, 러시아, 캐나다, 중국, 인도네시아, 콜롬비아, 이 여섯 나라가 전 세계 담수 저장량의 반 이상을 차지한다. 물이 가장 부족한 지역 가운데 하나가 팔레스타인 서남부의 가자 지구인데, 여기서는 점점 더 많은 사람들이 염분이 포함된 안 좋은 물을 사용해야 하는 실정이다. 물론 쿠웨이트와 아랍에미리트, 중동 지역, 북아프리카 지역도 가자 지구와 마찬가지로 건조 지대에 위치하고 있지만, 여기서는 풀이 자라고 꽃이 핀다. 바닷물을 담수화한 덕분인데, 그렇게 하는 데 많은 돈과 엄청난 양의 에너지가 소비된다.

유럽과 북아메리카는 혜택을 받은 지역이다. 하지만 이 지역에서도 남쪽보다 북쪽에 물이 더 많다. 중국은 완전히 반대이다. 남쪽과는 대조적으로 물이 몹시 부족한 곳은 북쪽이다. 캐나다도 주민의 10퍼센트밖에 살

물과 불 우리는 물이 필요하면 부엌이나 욕실로 가서 수도꼭지를 열기만 하면 되고, 요리를 하고 싶으면 가스레인지를 틀면 된다. 그러나 지구상에는 물과 땔감을 구하기가 어려운 곳도 많다. 유니세프(유엔 국제아동긴급구호기금)에서 발행한 소책자 『한 방울의 물까지』에는 인간 생존에 꼭 필요한 물과 불을 참으로 힘들게 구해야 하는 사람들의 생생한 이야기가 실려 있다. 수단의 외딴 마을에 사는 열한 살 소녀 브하흐키타는 커서 엔지니어가 되어 펌프를 만들고 싶어 한다. "소녀의 하루는 새벽 다섯 시에 시작된다. 염소젖을 짜서 끓이고, 그릇을 씻고, 가족들이 마실 차를 준비한다. 집안 살림을 하느라 학교에 늦게 갈 때가 많지만 성적은 늘 1등이다. 브하흐키타는 정오가 되면 친구 두 명과 함께 물통을 가지러 집으로 달려간다. 세 소녀는 유니세프가 5킬로미터 떨어진 곳에 설치한 펌프를 향해 부리나케 달려간다. 그나마 무거운 물통을 실을 당나귀가 있어 천만다행이다. 마을로 돌아와 물통의 물을 집 안의 물동이에 붓고 나면 소녀들은 또다시 집을 나선다. 이번에는 땔감을 구하러 반대 방향으로 8킬로미터를 가야 한다."

지 않는 지역에 물의 90퍼센트가 몰려 있다.

오스트레일리아는 가장 건조한 대륙이지만 상대적으로 인구가 적어 그나마 다행이다. 아시아 지역은 강수량의 80퍼센트가 3개월간 지속되는 몬순 시기에 집중되어 있어서 이때 내린 물로 나머지 기간을 버텨야 한다. 아프리카는 전체적으로 볼 때 물 공급이 괜찮은 편이지만, 사용 할 수 있는 담수의 3분의 1이 콩고 강으로 바로 유입되는 데다가 이 강의 많은 구간이 마을에서 멀리 떨어진 정글 지대를 지나가기 때문에 물 사정이 나쁜 곳이 많다. 남아메리카는 인류의 5퍼센트밖에 살지 않지만 세계의 10대 강 가운데 세 개의 강, 즉 아마존 강과 오리노코 강, 파라나 강이 이 대륙을 흘러간다. 특히 '강 중의 강'이라 일컫는 아마존 강은 수량이 라인 강의 100배이고, 하구 폭만 자그마치 240킬로미터에 이른다.

이처럼 사용할 수 있는 물의 양은 지역에 따라 천차만별이다. 이것으로 왜 아프리카 여성들과 아이들이 고작 식수 한 양동이를 구하기 위해 몇 킬로미터를 걸어야 하고, 아랍에미리트가 왜 바닷물의 담수화를 국가적 과제로 삼아야 했는지 조금이나마 이해할 수 있을 것이다.

물이 풍부한 나라

독일의 경우는 자연으로부터 충분히 물을 공급받으며, 1년 강수량의 3분의 1도 사용하지 않는다. 그런데 독일이 부닥친 문제는 역설적이게도 일부 지역에서 수돗물 사용이 눈에 띄게 줄어들고 있다는 사실이다. 이런 현상은 독일 통일 이후 인구가 줄고 산업 생산율이 뚝 떨어진 동독 지역에서 특히 두드러지게 나타난다. 이들 지역에서는 도시의 수도망을 모두 가동할 필요가 없는데도 울며 겨자 먹기 식으로

수도망 전체에 물을 공급할 수밖에 없다. 마크데부르크를 예로 들어 보자. 이 도시는 1989년까지 인구가 대략 28만 5000명이었는데, 현재는 22만 5000명으로 줄어들었고, 2020년에는 더욱 줄어 19만 5000명이 될 것으로 예상한다. 그에 따라 1990년에서 1995년 사이에 물 소비량도 40퍼센트가량 줄었다.

물 소비량이 일정 수준 이하로 떨어지면 공급 비용이 올라간다. 예를 들어 물이 적게 흐르면 수도관에 냄새가 날 수밖에 없는데, 그러면 정기적으로 청소를 해야 한다. 이런 식으로 새로운 상황 때문에 발생하는 운영비가 많아지면 비용이 증가하고, 그러면 수도 요금도 덩달아 올라간다. 이게 모두 경제적으로 풍족하지만 인구가 줄어드는 사회의 문제점이다. 하지만 세계 여러 지역에서는 상황이 완전히 다르다.

독일에서는 수질도 지난 30년 동안 끊임없이 개선되었다. 얼마 전까지만 해도 '유럽의 하수구'라고 놀림을 받았던 라인 강에 연어처럼 맑은 물에서만 사는 물고기들이 다시 돌아왔다. 2004년 조사 결과에 따르면 15종의 물고기가 라인

강에 살고 있는데, 이는 2년 전보다 3종이 더 늘어난 것이
다. 뱀장어와 돌잉어, 농어, 잉어, 황어, 로치, 루드, 유럽 메기 따위가 그
주인공이다. 수질 개선에 결정적인 몫을 한 것은 산업체에 부과한 환경오
염 벌금과 정화 방법의 개선이었다. 지금은 회사 안에 자체 정화 시설을
갖춘 대기업들이 많다. 가령 세계적인 종합화학업체 바스프(BASF)는 유럽
최대의 정화 시설을 자체적으로 운영하고 있는데, 규모가 커 600~700만
명이 흘려보내는 생활하수를 정화할 수 있다고 한다. 그러나 앞으로 더욱
더 많이 필요한 것은 자연의 정화 기능을 좀 더 지혜롭게 활용할 수 있는
소규모의 개별 정화 시설들이다. 또한 어디서건 종류가 다른 하수는 분리
해서 정화해야 한다. 하지만 무엇보다 하수를 줄이는 것이 가장 좋은 방법
이다.

에너지 소비가 높고 환경 부담이 컸던 많은 생산 과정이 그동안 획기
적으로 달라졌다. 또 일부 생산 시설은 환경법이 덜 엄격한 다른 가난한
나라로 이전되기도 했다. 그것은 세계화의 불가피한 측면이기도 하지만
가난한 나라에 환경 부담을 대신 지운다는 비난을 살 만한 일인 것은 사실
이다. 어쨌건 독일과 다른 유럽의 기업들은 환경 개선과 관련한 기술 개발

하수 정화 하수 처리장에서는 원폐수, 즉 하수관을 통해 모아진 생활하수와 공
장 폐수를 오염 정도에 따라 각각 다르게 처리한다. 처리 과정에는 세 가지 기술
적인 방법이 동원된다. 먼저 아주 간단한 방법으로 철조망 같은 도구를 설치해서
하수에 포함된 여러 가지 건더기들을 걸러 낸다. 그다음은 생물학적 정화 단계로
서, 주로 미생물의 활동력을 높이기 위해 산소를 주입하는 과정을 가리킨다. 그
로써 유기 오염 물질은 완전히 분해된다. 이보다 한 단계 더 나아간 처리장에서
는 화학적 정화 단계를 거친다. 하수를 여러 층으로 이루어진 여과 시설에 통과
시키는 과정이다. 이 과정에서 오존은 고리 모양으로 길게 연결된 탄화수소 화합
물을 파괴해서 병원균을 죽이고 원치 않는 유기 물질을 제거한다. 마지막으로
'활성탄 여과기', 즉 구멍이 많은 탄소로 유해 물질을 달라붙게 하는 여과기를
사용해서 꺼림칙한 냄새를 중화한다.

에 끊임없이 투자함으로써 개발도상국의 환경을 보호하는 데에
도 노력을 기울이고 있다.

독일에서 식수 공급에 관한 규정은 아주 엄격하다. 독일의 하천들도
질산염과 아질산염, 살충제, 병균, 박테리아 따위로 오염되어 있기 때문이
다. 그것들은 대부분 공장 오수나 농축산 폐수에 섞인 잔존물이다. 상수도
시설에서는 정화된 물이 식수 규정의 기준을 충족시키고, 병원균이 없는
무색무취의 물로 다시 태어날 때까지 온갖 유해 물질을 공들여 제거한다.
이렇게 유해 물질이 제거된 물은 강이나 하천 같은 자연 정화 시설로 흘러
간다. 상수도 시설을 거쳐 각 가정으로 보내기 전에 자연 정화 작용을 한
번 더 거치기 위해서이다.

독일의 수도관은 모두 합쳐 40여 만 킬로미터로 지구 둘레의 10배에
해당하는 길이이다. 그런데 지하에 매설된 수도관 중 많은 수도관이 낡아
중간에 새는 곳이 많다. 물을 쓸데없이 낭비하지 않기 위해서라도 빨리 고
쳐야 한다. 또한 오래된 수도관은 병균이 생기기 쉽다. 그래서 몇몇 상수
도 시설에서는 소독을 하기 위해 마지막 과정에서 염소를 첨가한다. 전체
의 4분의 3이 공공 기업체인 수도 공급 회사는 아무 문제 없는 깨끗한 물
을 각 가정의 대문 앞까지 보내야 할 의무가 있기 때문이다. 집 안에서 발
생하는 문제는 각 가정에서 책임을 져야 한다. 이를테면 집 안의 낡은 수
도관을 교체하지 않아서 생기는 문제는 개인의 책임이다. 자신이 마시는
식수의 수질에 대해 정확히 알고 싶으면 관련 연구소에 수질 검사를 의뢰
할 수 있다. 또, 수질 분석 방법을 가르쳐 주는 학교와 환경 단체가 많으므
로 직접 알아볼 수도 있다.

드러나지 않는 물 소비

전 세계 식수의 70퍼센트는 경작지와 목초지, 대규모 농장, 비닐하우스 같은 농축산업 용수로 사용된다. 공장에서 소비하는 양은 그보다 훨씬 적은 22퍼센트이고, 가정에서는 8퍼센트밖에 사용하지 않는다. 그러나 현대인들, 특히 부자 나라에 사는 사람들은 무분별할 정도로 사치스러운 생활에 길들여져 있다. 날마다 샤워를 하고, 한 번 입은 옷을 세탁기에 집어넣고, 수영장에 가고, 사우나를 즐기고, 정원에 물을 뿌리고, 차가 조금만 더러워져도 세차를 한다. 조금 절제한다고 해서 전혀 불편하지 않는데도 습관적으로, 아무 생각 없이 이런 생활에 젖어 있는 것이다.

우리가 비록 물 귀한 줄 모르고 깨끗한 물을 펑펑 쓸 수 있다 하더라도 북아프리카 건조 지대에서처럼 물이 매우 값진 자원이라는 것을 절대 잊

물 절약 목욕 대신 샤워만 하면 물과 에너지를 70퍼센트 아낄 수 있다. 대변과 소변에 따라 물을 내리는 버튼이 다른 절수형 변기를 사용하면 한 번 쓸 때마다 평균 5리터 이상의 물이 절약된다. 또 낮 시간을 피해 아침이나 저녁에 화초에 물을 주면 수분 증발량이 적어 물을 절약할 수 있다. 그 밖에 남아프리카공화국처럼 사용량에 따라 수도 요금에 커다란 차이를 두는 식으로 제도를 개선하여 일반 가정의 물 소비량을 줄이는 방법도 있다. 남아프리카공화국에서는 기본량만 사용하면 무료이고, 1인당 사용량이 많을수록 누진세가 붙어 요금도 훨씬 더 많아진다.

44

감추어진 소비 '드러나지 않는 물 소비'는 실제로 수도꼭지에서 흘러나온 물을 가리키는 것이 아니라 물건을 생산하는 데 들어간 모든 간접적인 물 소비량을 말한다. 이것을 계산에 넣으면, 독일인의 하루 평균 물 사용량은 130리터에서 갑자기 4000리터 이상으로 늘어난다. 우리가 먹는 스테이크는 아르헨티나에서 풀을 뜯어먹고 자란 소이기 때문이다. 라틴아메리카에서 수입한 꽃과 아프리카산 커피, 아시아산 쌀에도 간접적으로 소비하는 물이 엄청나게 많이 숨어 있다. 그런데 문제는, 많은 상품이 물이 부족한 지역에서 생산되어 물이 풍부한 지역으로 수출된다는 사실이다. 이로써 물이 부족한 나라와 물이 풍족한 나라 사이에 차이가 더욱더 나게 된다.

어서는 안 된다. 이렇게 말하면 유럽에서 사용하는 물이 아프리카와 무슨 연관이 있느냐고 따지는 사람도 있을 것이다. 물론 우리가 샤워와 목욕, 양치질, 요리를 하면서 직접적으로 소비하는 물의 양은 적다. 그러나 생산 과정에서 물이 필요한 식품이나 제품을 통해 간접적으로 소비하는 물의 양은 훨씬 더 많다. 오렌지, 바나나, 키위를 생산하는 데에는 물론이고 가구와 의류를 생산하는 데에도 물이 필요하다.

이처럼 사람들은 스스로 깨닫지 못하는 가운데 많은 물을 소비한다. 이런 간접적인 물 사용을 '잠재적인 소비' 또는 '감추어진 소비'라고 한다. 씨를 뿌려 곡식을 수확해서 빵 1킬로그램을 구워 내기까지는 1000리터의 물이 필요하다. 쌀 1킬로그램을 얻는 데 3000~5000리터의 물이 필요하고, 소고기 1킬로그램을 얻으려면 1만 3000리터 정도의 많은 물이 소비된다. 반면에 감자를 재배하는 데에는 물이 훨씬 적게 든다. 감자 1킬로그램을 얻는 데 500리터의 물이면 충분하다. 이런 물 소비량을 한 끼 식사로 환산하면 밥 한 공기에도 물이 100리터 이상 감추어져 있다. 그렇다면 독일인 한 사람이 하루에 직접 소비하는 물의 양(130리터)과 거의 맞먹는 양의 물이 밥 한 공기로 소비되고 있는 것이다. 샌드위치에 들어가는 빵에는 물

150리터가 숨어 있고, 커틀릿에는 2000리터, 햄버거에는 3000리터, 스테이크에는 5000리터가 감추어져 있다. 커피 한 잔에 들어가는 설탕 한 숟갈을 만들려면 커피 잔 50개 분량의 물이 필요하다. 하지만 이것도 커피 자체와 비교하면 아무 것도 아니다. 커피 한 잔에 들어가는 원두를 생산하려면 자그마치 140리터의 물이 필요하기 때문이다. 술은 그보다 더 많아서 저녁 식사 때 곁들이는 포도주 한 잔에 물 150리터가 숨겨져 있다.

대체로 동물성 물질이 식물성 물질보다 물 소비량이 많다. 그래서 평소에 육식을 즐기고 술을 마시는 사람은 채식주의자보다 드러나지 않는 물을 2배 이상 소비하는 것과 마찬가지이다. 달리 말해서 물 소비를 줄이려면 무엇보다 식생활을 바꾸는 것부터 시작해야 할 것이다. 그리고 따뜻한 남쪽 지역에서 생산된 오렌지를 사 먹을 경우 소비자는 단순히 오렌지만 먹는 것이 아니라 귀중한 물도 함께 소비한다는 사실을 깨달아야 한다.

이것은 농산품뿐 아니라 다른 분야에도 해당된다. 그중 대표적인 것이 물 소비가 가장 많은 여행업과, 세계화의 물결 속에서 개발도상국으로 이전한 몇몇 제조업이다. 예를 들어 강철 생산에서부터 플라스틱, 고무 부품 생산에 이르기까지 자동차 한 대를 생산하는 데 필요한 물은 모두 40만 리터로 추산된다. 우리는 차 한 대에 이렇게 많은 비용이 감추어져 있다는 사실을 전혀 몰랐고, 물건을 사거나 음식을 먹으면서 숨겨진 물 소비량을 생각한 적도 없었다. 그렇다면 앞으로는 상품 겉면에 제품의 성분 외에 전 생산 과정에 들어간 물의 소비량까지 표시해야 하지 않을까? 그리되면 개인이 좀 더 환경 친화적인 소비 습관을 가지는 데 도움이 될 것이다.

그 밖에 기업 입장에서도 사용한 물을 순환적으로 재사용하는 것이 무척 중요하다. 자체적으로 '물의 자급자족'을 이루어 내면 물뿐 아니라 생산 비용까지 절약할 수 있기 때문이다. 그런 기업들이 차츰 늘고 있지만, 더 늘어날 수 있도록 제도적인 대책을 세워야 할 것이다.

부족한 자원

물이 점점 빠듯해지고 있다는 징후는 벌써 뚜렷이 나타나고 있다. 물이 지상에 골고루 분포되어 있지 않은 것도 하나의 원인이지만, 물 위기를 결정적으로 조장하는 것은 경제성장과 도시화 과정에서 급격히 늘어난 물 소비와 세계 인구의 증가이다. 그래서 앞으로 가장 큰 과제는 점점 늘어나는 세계 인구가 현재 남아 있는 물을 어떻게 나누어 쓰느냐 하는 것이다.

1945년에서 1990년 사이 세계 인구는 2배 늘어난 반면 물 소비는 4배 증가했다. 세계 여러 지역에서 지하수의 수위는 계속 낮아지고 있다. 그동안 지하수를 마구잡이로 끌어다 썼기 때문이다. 지표수도 사정이 안 좋기는 매한가지이다. 가정과 공장, 농촌에서 강우량보다 더 많은 물을 하천이나 저수지에서 끌어가기 때문이다. 그로써 콜로라도 강과 리오그란데 강, 나일 강, 황허 강, 갠지스 강은 수년 내에 하구 일대가 얕은 개천으로 변할 가능성이 점점 높아지고 있다.

그런데도 사람들은 물 소비를 줄일 생각은 하지 않고, 오히려 자꾸 수위가 줄어드는 지하수를 퍼 올리려고 더욱 강력한 펌프를 생산하는 데에만 열을 올린다. 그 때문에 생명의 근원인 물이 꼭 필요하면서도 끊임없이 생명수를 새로 만들어 내는 숲과 초원은 점점 위협받고 있다. 이런 위기는 간혹 경제적인 목적 때문에 발생하기도 하지만, 정말 가난해서, 최소한의 생계 때문에 일어나는 경우가 더 많다. 식량을 수출하거나 바이오 에너지를 생산하기 위해 숲을 논밭으로 바꾸고, 농부들은 비쩍 마른 가축을 풀이 별로 없는 목초지에 방목하고, 가난한 사람들은 요리와 난방에 쓸 땔감용으로 숲의 나무들을 베어 간다. 물과 양분을 유지시켜 주는 것이 바로 그 나무들인데 말이다.

유럽과 아프리카는 물론이고 다른 지역에서도 환경 파괴와 자원 남용이 이런 문제를 더욱 악화시킨다. 우리에게는 숲과 습지가 필요하고, 직선이 아닌 굽이굽이 흐르는 강이 필요하다. 자연을 위해 더 많은 물이 필요한 게 아니라 물을 위해 더 많은 자연이 필요한 것이다. 이러한 원칙을 되새기지 않으면 인류는 가뭄과 홍수가 반복되는 재앙에서 벗어나지 못할 것이다.

스스로 초래한 재앙

최근 소말리아와 케냐, 에티오피아의 충격적인 모습을 텔레비전에서 자주 본다. '아프리카의 뿔'이라 불리는 이 지역에 큰 가뭄이 닥치면서 사방을 아무리 둘러봐도 풀 한 포기 찾아보기 어렵게 된 것이다. 뜨거운 열기와 희뿌연 먼지 속에 묻힌 거리는 목마름과 굶주림으로 죽어 간 동물들의 시체로 넘친다. 당연히 인간도 이 비극을 피해 갈 수 없다. 희생자는 주로 아이들이다. 세계 곳곳에서 온 자원 봉사자들이 아이들의 죽음을 막기 위해 필사적으로 싸우고 있다. 또 엘베 강 유역에 내린 엄청난 비로 100년 만에 최대의 홍수가 발생해서 수많은 사람들이 집과 재산을 잃고 대피했다는 소식도 전해진다. 이제 자연 재앙이라는 말이 전혀 어색하지 않은 시대가 되었다. 하지만 이것이 정말 자연이 일으킨 재앙일까? 인간이 조장한 예고된 재앙이 아닐까? 그렇다. 아프리카의 대가뭄이든, 유럽의 기록적인 집중 호우든, 중국의 엄청난 홍수든, 이 모든 재앙은 대부분 인간의 잘못으로 일어난 것이다.

지금으로부터 100여 년 전 독일 기술자들은 상수도 시설을 만들면서 중대한 실수를 저질렀다. 19세기 말, '요한 고트프리트 툴라'라는 유명한 엔지니어가 바젤과 빙엔 사이의 라인 강 구간을 직선화함으로써 강의 길이를 80킬로미터 남짓 줄여 버린 것이다. 당시 사람들은 그런 그에게 고마움을 표시하며 라인 강 주변 도시들에 그의 이름을 딴 거리를 만들고 기념비를 세우기까지 했다. 구불구불한 강을 일직선으로 만듦으로써 뜻밖에 농사를 짓고 집을 세울 땅이 새로 생겼기 때문이다. 더구나 강의 길이가 짧아져 화물선의 운항이 빨라졌고, 산업 입지로서 강의 매력도 한결 커졌다. 그러나 얼마 지나지 않아 눈앞의 작은 이익만 좇다가 큰 손해를 보는 일이 생겼다. 라인 강의 자연스러운 곡선 길을 직선화한 데 따른 값비싼 대가를 치러야 했던 것이다. 비가 내리면 강물의 속도가 굉장히 빨라졌으며, 많은 물을 품고 있던 강변의 수풀 지대가 사라졌다. 원래 강바닥이었던 곳에 물이 빠지면서 경지 정리를 하였고, 자로 잰 듯이 일직선으로 땅을 정리하는 과정에서 방해가 되는 주변 습지와 나무, 작은 숲은 모조리 제거되었다. 그때까지 물을 붙잡아 두고 빗물이 땅 밑으로 빨려 들어갈 수 있게 해 준 요소들이 모두 사라졌다. 그 뒤부터 해마다 라인 강의 엄청난 홍수 소식이 끊이질 않았다.

라인 강은 작은 예일 뿐이다. 하천과 물길을 인위적으로 바꾸는 일은 세계 곳곳에서 발견된다. 케냐에서는 물과 토양을 지켜 주고 비가 오지 않는 건기에도 다양한 방식으로 자연에 물을 공급하던 숲들이 거의 사라졌다. 고작 40년 만에 인구가 600만 명에서 3000만 명으로 늘어나면서 자연에 대한 압박이 점점 더 높아진 것이다. 곡식을 수확할 농토가 필요했고,

늘어난 가축들을 사육할 초지와 방목지도 더 많이 만들어야 했다. 그 결과 숲이 초원화되고 경지가 정리되었으며, 토양의 침식이 일어났다. 그로써 이 지역에 열대성 강우처럼 자주 퍼붓는 많은 양의 비를 저장해 주던 곳들 이 사라지면서 홍수와 극심한 가뭄의 악순환이 되풀이되고 있다.

독, 쓰레기, 오물

물 위기를 가속화하는 것은 지표수와 지하수의 오염이다. 이 오염의 주범 으로는 비료, 동물과 인간의 배설물, 소금, 몰래 버리는 공장 폐수, 유독성 폐기물, 화학 잔존물, 세제, 쓰다 남은 의약품 따위를 꼽을 수 있다. 특히 온갖 종류의 화학 물질과 중금속은 강물과 지하수를 아주 오랫동안 사용 할 수 없는 상태로 만들기도 한다.

지난 200년 동안 세계의 수많은 하천들은 자정 능력이 한계에 부딪힐 정도로 심하게 오염되었다. 전문가들의 추산에 따르면 날마다 200만 톤가

부족한 '물 의식' 산업화는 물이 넘치도록 풍부했던 유럽과 북아메리카에서 먼 저 시작되었다. 물이 넘치다 보니 물은 공짜이거나 아주 값싼 생산 요소로 여겨 졌다. 이런 상황에서는 물을 절약할 이유도 없고, 그런 기술을 개발할 필요도 없 었다. 하지만 이제는 달라졌다. 물이 부족한 지역이 많아진 데다 지금까지 풍족 하게 물을 썼던 나라들도 안심할 수 없는 지경에 이르렀다. 그렇다면 이제라도 모든 것을 다시 되돌아보아야 한다. 우리는 왜 화장실에서 그렇게 많은 물을 쓰 는 것일까? 그 물을 왜 그렇게 복잡하게 얽힌 하수관을 통해 정화 시설로 보내 고, 거기서 다시 엄청난 에너지와 비용을 쓰면서 정화하는 것일까? 비행기 안에 서처럼 물 대신 압축 공기로 대소변을 깔끔하게 처리할 수는 없을까? 물론 이것 은 대체 기술의 한 가지 예일 뿐이다. 이제 물의 중요성을 모두 깨달았다면, 물 이 부족한 지역의 농업과 산업을 살리기 위해 또 다른 대체 기술을 서둘러 개발 해야 할 것이다.

량의 쓰레기가 하천에 버려진다고 한다. 그동안 모든 강의 반 정도가 엄청나게 더러워지고 유해 물질로 오염된 것으로 보인다. 따라서 '물의 재활용'에 대한 투자, 특히 하수 정화 시설에 대한 투자는 사용 가능한 물의 양을 늘릴 수 있는 좋은 방책이다.

　깨끗한 물을 공급받지 못하고 살아가야 하는 사람이 가장 많은 곳은 아시아이다. 중국과 인도 두 나라에서만 15억 명 이상이 사용한 생활하수가 아무런 여과 장치 없이 그대로 자연에 버려진다. 친정부 성향의 '신화통신'조차 지하수 오염으로 시달리는 중국 도시가 90퍼센트에 이른다고 보도할 정도이다. 해결해야 할 일이 하나둘이 아니다. 눈부신 경제성장을 이룩한 상하이에는 1700만 명이 살고 있는데, 더욱이 해마다 적어도 50만 명씩 늘고 있다. 이런 상황에서는 깨끗한 물을 충분히 공급하는 것이 점점 어려워질 수밖에 없다. 중앙아메리카에 있는 니카라과의 수도 마나과에서는 어이없게도 수돗물에서 분뇨 냄새까지 난다. 동물과 인간의 배설물이 정화되지 않은 채 마나과 호수로 흘러 들어가기 때문이다. 조사한 바에 따르면, 개발도상국의 도심 지역에서 생활하수가 정화되지 않고 그대로 강과 호수, 바다로 흘러가는 비율이 90퍼센트에 이른다고 한다. 첨단 시설은 커녕 아주 간단한 정화 시설조차 마련되어 있지 않은 것이다.

물의 효율성을 높이자

빠듯한 자원인 물을 아무 생각 없이 펑펑 쓴 결과는 심각하다. 우리가 단호하게 대처하지 않고 계속 이렇게 쓴다면 걷잡을 수 없는 일이 벌어질 것이라고 학자들은 한결같이 경고한다. 지금도 날마다 5000명(주로 다섯 살

이하의 아이들이다)이 오염된 물을 마셔 생긴 설사병이나 독극물 중독으로 목숨을 잃고 있다. 여섯 명 중 한 명은 깨끗한 물을 마시지 못하고, 세 명 중 한 명은 변기가 아닌 다른 데에서 용변을 해결하고 세면기 없는 곳에서 몸을 씻는다. 21세기 전환기에 개최된 유엔 총회에서 이런 열악한 상태를 개선해서 2015년까지 더 많은 사람들에게 화장실과 깨끗한 물을 공급하자는 결의가 이루어진 데에는 다 그만한 이유가 있었다. 그러나 목표까지는 아직 한참 멀었다. 유엔의 추정에 따르면, 지금과 똑같은 상황이 지속될 경우 2050년에는 인류의 4분의 1(약 22억 명)이 만성적이거나 반복되는 물 부족에 시달리게 될 것이라고 한다. 결코 아름다운 미래가 아닐뿐더러, 아무런 조처 없이 그냥 있어도 될 일은 더더욱 아닌 것으로 보인다.

물을 절약할 여지가 가장 큰 분야는 농업이다. 식수 소비의 3분의 2 이상을 차지하는 농업 분야는 현재 소비량의 50퍼센트까지 줄일 수 있을 것으로 예상된다. 요즘은 모든 식품의 반 정도가 인위적인 관개 시설의 도움을 받아 생산된다. 지구의 인구가 앞으로 70억, 80억, 아니 언젠가 90억 명을 넘을 것을 감안하면 그것은 결코 포기할 수 없는 일이다. 다만, 관개 시설과 물 관리 체계를 좀 더 효율적이고 거시적으로 운영할 필요가 있다. 물을 절약하는 기술은 매우 다양하다. 예를 들어 '방울 관개'(또는 세류 관개, drip irrigation)는 물방울을 직접 식물 뿌리에 공급함으로써 물의 효율성을 극대화한다. 빗물을 모아 이용하는 방식도 아직 여러 가지로 개발할 가

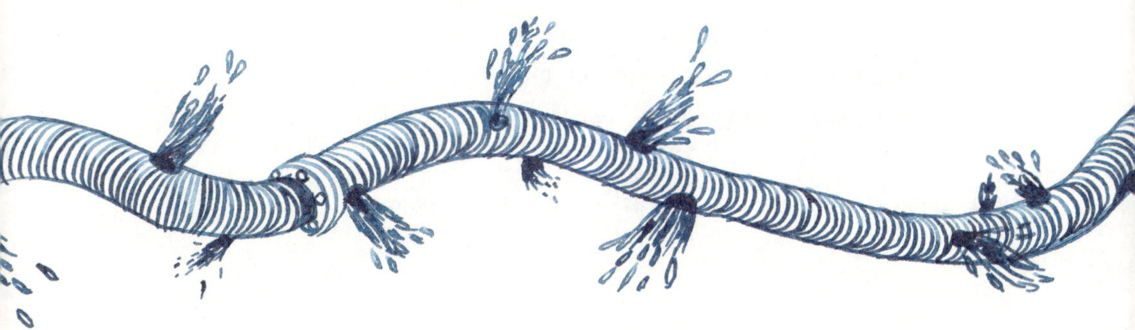

능성이 남아 있다. 유엔은 '물 한 방울에 쌀 한 톨'이라는 구호를 내세워 농업 분야에서 물 자원을 좀 더 효율적으로 사용하고, 좀 더 지혜로운 관개 체계를 도입할 것을 요구하고 있다.

물 위기는 원래 공급의 위기이지만, 그 밖에 경영의 위기, 관리의 위기, 투자의 위기이기도 하다. 수도관 시설을 개선하고, 물의 재활용률을 높이고, 하수 정화 시설을 더 많이 설치하면 물 부족 문제를 크게 완화시킬 수 있을 것이다. 하지만 그러려면 지금까지보다 훨씬 더 많은 돈을 투자해야 한다. 유엔의 추산에 따르면 지구상의 물 체계를 정비하고 현대화하려면 해마다 300~500억 달러가 필요하다. 이것은 지금까지 투자한 금액보다 현저하게 많은 액수이다. 그렇다고 제방이나 운하같이 대규모 프로젝트만 해야 된다는 것이 아니다. 때로는 마을에 물 저장소나 펌프를 설치하는 것처럼 간단한 해결책만으로 충분한 경우도 있다. 그러나 어떤 경우라도 물의 효율성을 높이는 것이 원칙이다. 그렇지 않으면 지구는 더 이상 늘어나는 인구를 감당하지 못할 것이다.

그 밖에 '블루 골드'(blue gold), 즉 물 자원이 점점 줄어들면서 물을 둘

수도관 누수 소비자에게 이르기도 전에 낡은 수도관을 통해 새어 나가는 물이 상당히 많다. 그렇게 새어 나가는 양이 독일은 8퍼센트, 이탈리아는 27퍼센트, 영국은 29퍼센트에 이른다. 한국은 18퍼센트로 해마다 팔당댐 4개 만큼의 물이 새나간다. 인구가 해마다 5퍼센트씩 증가하는 케냐의 수도 나이로비에서는 수돗물의 반 이상이 수도관 누수와 잘못된 기술 설비 때문에 사용도 하지 못하고 사라진다. 아프리카의 모든 대도시들도 이와 비슷하다. 만성적인 물 부족 상황을 생각하면 이런 손실은 무척 안타까운 일일 뿐 아니라 식수의 질에도 좋지 않은 영향을 줄 수 있다. 외부의 물이 수도관으로 흘러 들어가 식수를 오염시킬 위험이 높기 때문이다.

러싼 갈등도 격화되고 있다. 특히 사막성 기후에다 강수량과 지하수가 감소하고 인구까지 빠른 속도로 증가하는 근동과 중동이 물 분쟁 위험 지역이다. 요르단 강은 나일 강과 마찬가지로 인접국들이 모두 탐내는 대상이자 갈등의 원인이다. 아시아에서도 인도와 방글라데시 사이에 물을 둘러싼 위기가 고조되고 있다. 이런 지역들에 대해선 실제로 분쟁이 발생하거나 전쟁으로까지 이어져 결국 유엔 평화 유지군을 파견해야 하는 상황에 이르기 전에 미리 '물 조기 경보 시스템'을 구축해 두어야 한다. 전문가들은 그러한 지역들의 수자원을 통합적으로 관리하기 위해 유엔 평화 유지군 같은 '환경 유지군'을 파견할 필요가 있다고 말한다. 그리되면 인접국들 간의 협의를 통해 물 공급에 대한 투자가 이루어지고, 수자원을 공동으로 이용하는 방안을 마련할 수 있을 것이다. 기후변화가 물의 순환에 미치는 영향을 생각하면, 물 자원과 관련한 국제적인 공조는 더 이상 미룰 수 없을 것처럼 보인다.

유럽 대륙도 국경이 지리적 경계와 일치하는 경우가 드물어서 대부분의 강이 바다로 흘러 들어가기 전까지 여러 나라를 지나간다. 도나우 강은 최종 목적지인 흑해에 이르기까지 독일과 오스트리아를 비롯해서 여덟 나라를 지난다. 스위스에서 발원한 라인 강은 독일과 프랑스를 가로지른 다음 네덜란드를 거쳐 북해로 흐른다. 라인 강 연안의 국가들은 지난 수십 년간에 걸쳐 라인 강의 관리와 공동 이용에 관한 협정을 맺었다. 그로써 인접국 모두가 이득을 보고, 뜻밖의 갈등이 생기더라도 평화롭게 해결할 수 있는 장치가 마련되었다.

학자들의 추산에 따르면 현재 145개 나라가 강줄기와 물길을 공유하고 있으며, 다행스럽게도 지금까지는 심각한 물 분쟁이 일어난 적이 없었다. 물론 물을 둘러싼 크고 작은 갈등은 인류의 역사만큼 오래되었다. 샘에 독을 타거나 우물을 메워 갈등이 불거진 적도 있고, 댐을 폭격해서 문제가 된 적도 있다. 하지만 지금까지는 물이 전쟁의 직접적인 원인이 된 경우는 드물었고, 오히려 전쟁을 일으킨 쪽에서 상대의 전력을 약화시킬 목적으로 물을 이용한 경우가 많았다. 지난 50년 사이에 발생한 대부분의 물 분쟁은 원만하게 조정되었을 뿐 아니라, 라인 강 협정에서 보듯 국제적 협력 관계의 강화로 이어지기도 했다. 얼마 전 유엔환경계획이 발표한 '세계 물 지도'를 보면 세계가 조약과 협정들로 얼마나 촘촘하게 연결되어 있는지 알 수 있다. 세계 물 지도는 280여 곳의 강과 호수 일대에서 물의 공동 이용에 관한 협정과 조약이 얼마만큼 존중되고 지켜지고 있는지를 조사한 자료이다.

생명의 원소인 물을 인간을 분열시키는 요소가 아닌 인간을 화합시키는 요소로 만들려면, 물을 절약하고 슬기롭고 효율적으로 이용하는 것을 최고 원칙으로 삼아야 한다. 이는 물 부족으로 시달리는 지역뿐 아니라 물이 풍부한 지역도 마찬가지이다. 물은 무엇으로도 대체할 수 없는 인류 공동의 자산이기 때문이다.

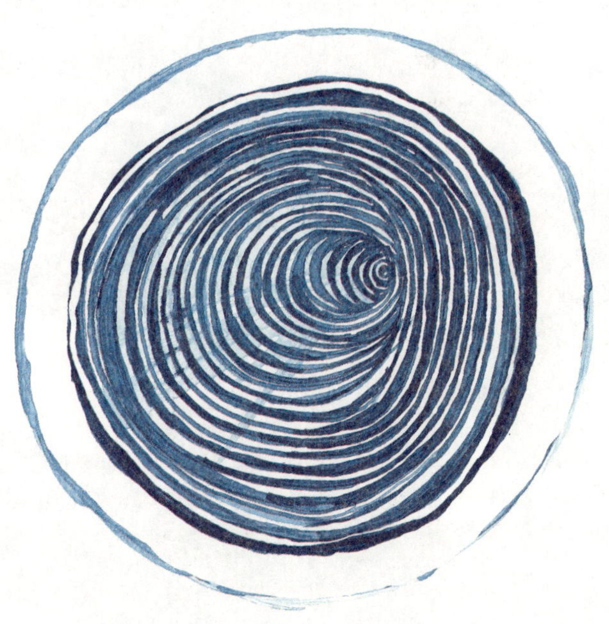

세계의 허파

만약 1500년 전에 하늘에서 유럽 대륙을 내려다보았다면 빽빽한
숲만 보였을 것이다. 그러나 지금은 주로 도시와 도로, 들판만
보인다. 나무는 오래전부터 인류 문명의 다양한 재료로 사용되어
왔고, 사람들은 숲에서 나무가 다시 자라는 것보다 더 많은 나무를
베어 왔다. 다행히 이러한 추세는 중단되었다. 서유럽만 놓고
보자면 산림은 더 이상 줄지 않고 다시 증가하고 있다. 하지만
세계적으로 보면 숲은 해마다 약 7만 제곱킬로미터씩(남한 면적의
70퍼센트에 해당한다) 사라지고 있다. 이것은 열대 지방과
시베리아를 중심으로 일어나고 있는데, 숲이 환경과 인간에 끼치는
영향을 생각하면 이렇게 숲이 사라지는 것은 무척 걱정스러운
일이다. 숲은 이산화탄소와 물을 저장하고, 토양을 안정시키고,
다양한 동식물에게 삶의 터전을 제공할 뿐 아니라 인간 생존에
필요한 산소를 공급해 준다. 그러므로 숲을 보호하는 것은 우리
모두의 목숨과 관련된 과제이다.

25년 전만 해도 독일의 많은 학자들이 숲의 죽음을 예고했다. 수십 년 안에 독일의 중부 산악 지대가 나무들이 없는 황량한 풍경으로 바뀌리라는 전망이었다. 평소 환경에 관한 한 독일인들의 과장이 심하다고 생각하는 프랑스에서조차 '숲의 죽음'이라는 말이 순식간에 번졌다. 숲이 병들어 가는 것에 항의하고, 책임 있는 정치인들이 신속하게 행동해 줄 것을 촉구하기 위해 시민 수천 명이 거리로 나섰다. 학자들의 분석은 명확했다. 석탄과 석유, 천연가스를 태우면 온실가스인 이산화탄소(CO_2) 말고도 이산화황(SO_2)과 산화질소(NOX)가 나오는데, 이것들이 비를 산성화해서 토양과 나무의 건강을 심각하게 해친다는 것이다. 그런데 그러한 경고가 나온 지 시간이 꽤 지났는데도 숲은 여전히 살아 있다. 대머리 같은 민둥산은 현실화되지 않았고, 숲이 대규모로 죽어 가는 사태도 벌어지지 않았다. 하지만 그렇다고 숲에 평화로운 안식이 찾아온 것은 아니다.

좋은 소식이 몇 가지 있다. 그동안 숲을 지키려는 노력들이 활발하게 진행되었고, 그와 더불어 서유럽의 산림이 증가하기 시작하였다. 독일에서도 지속적인 산림 관리에 온갖 노력을 기울였고, 숲에서 나무가 다시 자라는 만큼만 벌목할 수 있도록 했다. 게다가 이산화황 성분이 비에 섞여 내려 토양이 산성화되는 것을 막기 위해 발전소 안에 이산화황 제거 시설도 의무적으로 설치하도록 하였다. 또한 모든 선진 공업국과 점점 더 많은 개발도상국들이 법으로 규정한 자동차 삼원 촉매 장치[5]도 산화질소 방출을 줄이는 데 큰 도움이 되었다. 이 모든 게 과학 지식의 확산과 성난 시민들의 함성으로 이루어진 일이다.

그럼에도 경계를 늦출 수는 없다. 안타깝지만 숲의 건강 상태는 여전히 최상이 아니기 때문이다. 독일의 경우 연방농림부의 보고에 따르면 나무의 3분의 1가량이 정상적인 상태가 아니라고 한다. 잎이 자라지 않는 나무도 있고, 꽃부리가 온전하지 않은 나무도 있다. 그중에서도 가장 큰 피해를 본 나무는 참나무인데, 두 그루 중 하나가 이상 증세를 보이고 있다고 한다. 그다음으로 피해를 많이 본 것이 너도밤나무와 가문비나무이고, 소나무가 어느 정도 사이를 두고 그 뒤를 따르고 있다.

참나무는 병들면 잎이 안으로 말려 들어가고, 열매인 도토리가 여물지 못한 채 떨어지거나 수명이 짧아진다. 심한 경우에는 나무가 죽어 버리

수치로 본 한국의 숲 세계적으로 숲이 차지하는 비율은 지표의 30퍼센트에 불과하다. 우리나라는 국토의 약 64퍼센트가 산림인데 이렇게 국토의 3분의 2가량이 숲인 나라는 매우 드물다. 일제 강점기와 6·25를 거치면서 한때 매우 황폐해졌지만 1970년대부터 추진한 산림 녹화 사업으로 지금은 어느 정도 옛 모습을 되찾게 되었다. 숲이 가장 많은 곳은 강원도로 전체 면적의 82퍼센트가 숲이다. 국립산림과학원에 따르면, 우리나라에는 목재로 쓸 수 있는 크기(1.2미터 높이 부분의 지름이 6센티미터 이상)의 나무가 80억 그루 자라고 있다고 한다. 활엽수가 51억 그루로 침엽수(29억 그루)보다 많이 분포한다. 종류를 살펴보면 참나무류 26억 그루(32%), 소나무 21억 그루(26%), 기타 활엽수류 25억 그루(32%), 기타 침엽수류(리기다, 낙엽송, 잣나무, 삼나무 등) 8억 그루(10%)가 자라고 있다. 비율로만 보면 참나무가 가장 많지만 여섯 종류(신갈나무, 굴참나무, 졸참나무, 상수리나무, 갈참나무, 떡갈나무)로 구성됐다는 점을 고려하면 단일 수종으로는 소나무가 가장 많다. 아주 작은 어린나무와 진달래, 개나리같이 키가 작고 줄기가 많은 관목류까지 포함하면 모두 2800억 그루의 나무가 자라고 있다고 한다. 어쨌든 나무만 심는다고 해서 모두 숲이 되는 것은 아니다. 동식물에게 삶의 터전을 제공할 수 있는 내부 조건이 갖추어져야 비로소 숲다운 숲이 되는 것이다.

기도 한다. 참나무는 보통 수백 년을 살지만, 독일에서는 평균 수명이 150년밖에 안 된다. 대기 오염이 하나의 원인인 것으로 보이지만, 유전적 변화가 또 다른 원인일 수도 있다. 그런데 왜 참나무만 유독 심하게 병해에 시달리는지 전문가들도 그 이유를 정확히 모른다. 참나무는 강하고, 튼튼하고, 수명이 긴 나무인데 말이다.

나무가 병에 걸리는 것은 무엇보다 대기 오염 탓이 크다. 지금까지는 버섯이나 해충 같은 것들만 나무를 공격했다면, 이제는 인간이 만들어 낸 유황과 질소, 중금속 같은 물질도 숲의 건강을 해치는 유해 요소가 된다. 하지만 날씨도 그에 못지않은 영향을 끼친다. 무더위와 가뭄은 숲에 타격을 주기 때문이다. 기후변화로 말미암아 앞으로 전 세계 숲들이 지금과는 무척이나 다른 모습으로 바뀔 것이라고 한다. 그런데 이런 요소들은 대개 상호 작용한다. 예를 들어 기온이 높아지면 해충이나 오염된 대기에 대한 나무의 저항력이 떨어지는 데 반해, 비가 충분히 내리고 햇볕이 쨍쨍 내리쬐면 나무의 회복에 큰 도움이 된다.

어떤 이유에서건 숲의 3분의 1이 병들었다면 그 숲은 죽게 되는 것일까? 꼭 그렇지는 않다. 완벽한 건강을 자랑하는 숲은 환상일 뿐이다. 숲은 살아 있는 동안 끊임없이 병치레를 하기 마련이다. 다만 생명이 위독할 정도로 병에 걸리게 해서는 안 되는 것이다. 현재건 미래건, 아시아에서건 유럽에서건.

군데군데 구멍 뚫린 숲

유럽 지역을 뺀 세계 여러 지역의 숲들은 꽤 큰 위험에 빠져 있다. 지난 몇 년 동안 그 속도가 떨어지기는 했지만, 전체로 보면 해마다 남한 면적의 70퍼센트 크기만 한 숲이 사라지고 있다. 하지만 전 세계를 놓고 볼 때 옛날만큼 숲의 손실이 크지는 않다. 무분별한 벌목이 줄었기 때문이 아니라 유럽과 아시아 일부 지역, 특히 중국에서 조림 사업이 늘었기 때문이다.

남아메리카와 아프리카, 인도네시아, 시베리아 등지에서는 여전히 무분별한 개발이 이루어지고 있다. 몇몇 연구 보고서에서는 세계 최대의 숲을 자랑하는 아마존의 열대우림을 '스위스 치즈'라고 일컫는데, 인간에 의해 듬성듬성 잘려 나가고 파헤쳐진 열대림의 모습이 마치 구멍이 송송 뚫린 스위스 치즈와 비슷해 보이기 때문이다.

필리핀도 옛날에는 국토의 60퍼센트가 나무로 뒤덮여 있었지만, 지금은 10퍼센트도 되지 않는다. 한때 광활하게 펼쳐져 있던 원시림은 볼품없이 줄어들었고, 마구잡이로 잘린 열대 나무들은 서구 공업국들에 경쟁적으로 팔려 나갔다. 옛날 열대우림이 있던 곳에는 야자수 농장이 끝없이 늘어서 있다. 대표적인 야자유 생산 국가로 자리 잡기 위해 필리핀 정부가 숲을 희생양으로 삼았던 것이다. 말레이시아와 인도네시아에서도 비슷한 과정을 겪고 있는데, 종려유(팜유)를 생산하기 위해 나무를 마구 베어 버리는 바람에 열대우림이 파괴되어 엄청난 넓이의 숲이 사라지고 있다. 종려유가 바이오 연료[6]를 만드는 데 이용되기 때문이다. 바이오 연료는 원래 이산화탄소를 뿜어내지 않는 청정에너지라는 이유로 각광을 받았지만, 이런 바이오연료를 만들기 위해 또 다른 숲이 파괴되고 생물종이 희생

된다면 그 효용성에 대해 다시 한 번 깊이 고민해 봐야 할 것 같다.

　　개발도상국에서는 현지 주민들이 생계를 위해 숲을 마구 훼손하는 경우도 많다. 대부분의 원주민들이 나무로 불을 피워 음식을 만들듯이 필리핀 원주민들도 모닥불을 피워 요리를 한다. 그 때문에 땔감이 엄청나게 많이 필요하다. 그것은 그나마 남아 있는 숲을 더욱 황폐화시킨다. 그렇다고 원주민들에게 무조건 책임을 돌릴 수는 없다. 그들이 그런 생활방식을 고집하는 것은 현대적인 에너지 설비의 혜택을 받지 못하고 있기 때문이다. 현재 세계의 약 20억 인구가 오로지 바이오매스[7]를 에너지원으로 삼아 살아가고 있다. 다시 말해서 나무를 비롯해서 농산물 찌꺼기와 쓰레기, 배설물을 이용해 요리를 하고 난방을 하는 것이다. 그런데 이런 생활방식은 그들의 건강까지 해친다. 인도에서만 이런 바이오매스를 태우는 과정에서 발생하는 연기에 오염되어 일찍 세상을 떠나는 사람이 200만 명이나 된다.

　　바이오매스를 직접 태우는 대신 가스로 전환한다면 에너지 효율성도 높아지고 건강도 해치지 않을 것이다. 또한 열효율이 높은 아궁이나 난로도 도움이 될 것이다. 하지만 그러기 위해서는 그들에게 그런 설비를 마련해 주고 다른 대체 에너지를 공급해야 한다. 그렇지 않으면 그들은 계속 주변의 숲을 이용할 것이다.

　　필리핀에서는 끊임없이 목재를 필요로 하는 선진 공업국들의 수요에 맞춰 마구잡이식 벌목이 불법으로 이루어지고 있는데, 자연은 언제든 반드시

높은 인기 때문에 위기에 빠진 나무들 마호가니, 티크, 아조베, 아바치, 흑단 같은 나무들은 아름다운 색상과 생동감 넘치는 무늬 때문에 수백 년 전부터 높은 인기를 누려 왔다. 게다가 이 나무들은 가공하기도 쉽고 날씨나 병충해에 대한 저항력도 높다. 우리가 흔히 사용하는 '열대 나무'라는 말은 일반적으로 열대 지방이라는 원산지만 가리킬 뿐이지, 나무의 종류를 세세하게 드러내지는 않는다. 열대 나무는 주로 가구를 만드는 데 사용되지만, 계단과 문짝, 바닥재, 창문틀, 울타리, 식탁, 관, 변기를 만드는 데에도 사용된다. 그런데 이런 물건들을 굳이 열대 나무로만 만들 필요는 없고, 자국에서 자라는 나무로 얼마든지 대체할 수 있다. 그렇게 되면 위기에 빠진 열대림의 생명을 다만 몇 년이라도 연장할 수 있을 것이다. 문제는 사람들이 열대 나무를 고상한 물건이나 부의 상징으로 여긴다는 점이다. 그렇다면 해결책은 무엇일까? 열대 나무의 수출입을 막거나 열대 나무로 만든 가구나 장식품을 판매하지 못하게 할 수는 없다. 어차피 벌목을 막을 수 없다면 숲이 현지 주민들에게 좀 더 소중한 자원이고, 좀 더 많은 돈을 벌어다 주는 자산이라는 인식을 심어 줄 필요가 있다. 원자재인 나무를 통째로 수출하는 대신 원산지에 공장을 세워 거기서 가공을 하는 것도 하나의 방법이다. 그러면 현지에 많은 일자리가 생길 테니까 말이다.

그 대가를 치르게 한다. 2006년 2월, 필리핀 레이테 섬에서 엄청난 규모의 산사태가 발생하여 한 마을 전체가 흙더미에 파묻히면서 주민 1000여 명이 목숨을 잃었다. 생존자의 말에 따르면 "산이 폭발하는 것 같았다."고 한다. 그러나 산사태는 땅의 내부에서 발생한 압력 때문에 일어난 것이 아니었다.

원인은 산의 표면에 있었다. 며칠간 내린 폭우로 물기를 잔뜩 머금고 있던 지반이 어느 순간 더 이상 견디지 못하고 붕괴하면서 엄청난 진흙더미가 쏟아져 내린 것이다. 진흙을 지탱해 주는 나무들이 모두 잘려 나간 상태라 지반 침식은 피할 수가 없었다. 소규모의 산사태가 잇따라 발생할 위험이 있는 데다가 중장비를 이용하기에는 지반이 너무 약해서 구조 작업은 몹시 힘들게 진행되었다. 마침내 당국은 구호 요원들에게 맨손으로 흙을 파서 사람들을 찾으라고 지시했다. 그러다 보니 구조 작업이 너무 늦어졌고, 매몰된 사람들 대부분이 목숨을 잃었다. 무분별한 벌목을 엄격하게 금지하고 대규모 조림 사업 같은 대책이 신속히 마련되지 않는다면, 그런 식의 산사태가 앞으로 더 자주 일어나리라는 것은 불을 보듯 뻔하다. 지금도 숲의 나무들은 쉴 새 없이 잘려 나가고 있기 때문이다.

빽빽한 숲이 듬성듬성한 숲으로

유럽에서도 나무는 아주 오랜 세월 동안 연료로 사용되어 왔다. 게다가 집과 가구, 공구, 수레, 마차, 보트, 범선 따위도 모두 나무로 만들었다. 사람들은 오랫동안 나무를 생활의 기본 물질이자 무한정 쓸 수 있는 것으로 생각했다. 중부 유럽과 서유럽은 수천수만 년 동안 빽빽한 숲으로 덮여 있었다. 그러던 것이 지구상에 인류 문명이 본격적으로 건설되면서 나무들이 잘려 나가기 시작했다. 지중해 지역의 숲들이 지속적으로 피해를 본 것도 범선을 제작하기 시작한 고대부터였다.

오늘날에는 지구 표면의 30퍼센트 정도만 숲으로 덮여 있다. 그중 3분의 2가 10개국, 즉 오스트레일리아, 브라질, 중국, 인도, 인도네시아, 캐나다, 콩고, 페루, 러시아, 미국에 분포해 있다.

지구에서 숲이 가장 넓게 뻗어 있는 지역은 적도 주변의 열대우림과 북반구의 아한대[•]이다. 열대우림은 기온이 높고 강수량이 많은 기후에서 자연스레 발달한 원시림으로, 식물의 종이 매우 풍부하다. 반면 서늘하고 한랭한 기후대에서 형성된 북반구의 숲은 주로 침엽수로 이루어져 있다. 유럽을 비롯한 북쪽의 공업국들에는 더 이상 원시림이 존재하지 않는 것이나 다름없다. 이들 지역은 대부분 침엽수로 덮여 있는데, 오래전부터 가문비나무를 키우는 것이 경제적으로 막대한 이득을 안겨 주었기 때문이다. 독일에는 수령과 키가 다른 나무들이 다양하게 어우러진 혼합림이 10퍼센트도 채 되지 않는다. 자연스레 형성된 원시림은 주로 러시아와 캐나다, 남아메리카, 콩고, 그리고 아시아 일부 지역에 조금 남아 있을 뿐이다.

불법 남벌

숲이 줄어드는 데에는 여러 가지 이유가 있다. 나무, 그중에서도 특히 열대 나무들은 다양한 계몽 활동과 불매 운동이 벌어지고 있긴 하지만 여전히 가구와 실내장식용으로 인기가 높다. 그러다 보니 불법 남벌이 성행한다. 세계야생생물기금(WWF)이 숲의 가장 큰 적으로 꼽은 것도 불법 남벌이다. 남아메리카의 거대한 아마존 분지에서건, 브라질과 인도네시아의 열대우림에서건, 아니면 극동의 러시아에서건, 많은 나무들이 당국의 허가 없이 잘려 나가고 있다. 이것은 명백히 국내법과 국제 규범을 위반하는 행위이다. 세계야생생물기금의 조사에 따르면, 세계에서 세 번째로 큰 원시림이 있는 러시아에서는 나무의 반가량이 불법으로 베어진다. 인도네시아에서는 4분의 3이, 남아메리카의 일부 지역에서는 80퍼센트까지 불법으로 잘려 나가고 있다. 몇몇 다국적 기업이 이렇게 잘린 나무들을 운반하고 시장에 내다 파는데, 이들은 허술한 관련 규정 덕에 막대한 이익을 챙기고 있다.

안타깝지만 일단 시장에 나오면 불법으로 벌목된 나무를 확인하기는 무척 어렵다. 그래서 원산지에서부터 최종 상품에 이를 때까지의 전 과정을 나무에다 표시하는 인증 제도가 빨리 정착되어야 한다. 예를 들어 국제적인 환경보호 단체들과 다른 사회단체들이 합심해서 설립한 산림관리협의회에서는 나무의 전 생애를 보여 주는 증명서를 발급하고 있다. 그러나 유럽에서조차 아직 이런 산림 인증서에 관심을 보이는 소비자들이 너무 적은 실정이다 보니 나머지 다른 지역은 말할 것도 없다. 이런 상황을 개선하고 소비자들이 목제품을 구입할 때 나무의 원산지와 제조

"

과정에 더 많은 관심을 가질 수 있도록 각국 정부가 앞장서서 모범을 보여야 할 것이다.

숲이 사라지는 또 다른 이유는 사람들이 주거 공간과 목초지, 그리고 농경지를 확보하려고 하기 때문이다. 간혹 그렇게 나무가 베어진 땅은 외국으로 수출할 단일 작물을 경작하는 농토로 바뀌기도 한다. 필리핀과 인도네시아에 즐비한 야자수 농장, 그리고 유럽의 돼지와 소 사료로 사용할 콩을 생산하는 브라질의 농장 따위가 그것이다. 케냐에서도 지난 50년 사이 인구가 600만 명에서 3000만 명 이상으로 엄청나게 늘어나면서 농지를 확장하느라 숲이 급격하게 줄어들고 파괴되었다. 게다가 수출하기 위해 불법으로 숯을 생산하기 때문에 상황은 더욱 나빠지고 있다.

그 밖에 터무니없이 부당한 관세 제도도 숲의 안녕을 해친다. 다시 말해서 선진 공업국들에서는 나무를 수입할 때 가공되지 않은 원목에 대해서는 관세를 물리지 않는 반면에, 원산지에서 가공 과정을 많이 거친 목재일수록 관세도 덩달아 높이 부과하는 것이다. 사정이 이렇다 보니 원산지에서는 대개 원목 그대로 수출을 하고, 옷장이나 피아노로 가공하는 것은 선진 공업국에서 이루어진다. 따라서 선진국에는 고급 일자리가 생기는

인증서들의 홍수 인증서가 붙어 있다고 해서 항상 좋은 품질을 보장하는 것은 아니다. 특히 목재 분야에서는 과대 포장되거나 사실과 어긋나는 인증서가 많다. 예를 들어 '환경 친화적 농장 목재'라는 딱지가 붙어 있으면 사람들은 이 나무 때문에 열대림이 파괴된 것은 전혀 아니라는 인상을 받는다. 그러나 사실은 다르다. 대규모 농장들은 대부분 원시림 안에 위치하고 있다. 그래서 이 농장들이 아무리 환경 친화적으로 관리되고 있다고 하더라도 농장을 만드는 과정에서 숲이 파괴되는 것은 피할 수 없는 일이다. 그럼에도 '환경 친화'라는 딱지를 붙임으로써 이런 사실을 은폐하고 있다. 현재 국제적으로 공인된 인증서는 산림관리협의회(FSC)와 범유럽산림인증제도(PEFC)에서 발급하는 증명서, 이 두 가지뿐이다. 그중에서도 1992년 리우데자네이루에서 열린 유엔환경개발회의 이후에 도입된 FSC 인증서가 가장 믿을 만한 증명서로 인정받고 있다. PEFC 인증서는 1999년부터 도입되었는데, 지금까지는 주로 유럽의 산림을 대상으로 발급하고 있다. 이 두 인증서에는 이를테면 '나무에서 의자까지'의 과정을 철저히 추적하여 나무의 생애와 산림이 지속가능성의 원칙에 따라 관리되고 있는지 감정한 외부 전문가들의 평가가 담겨 있다.

반면에, 정작 숲의 경제적 혜택을 누리고 숲을 보호하고 가꿀 필요성을 깨달아야 할 나라에서는 그런 일자리가 생기지 않는다.

순식간에 번지는 산불과 방화도 당연히 숲의 적이다. 옛날부터 불과 나무는 비와 구름처럼 늘 붙어 다녔다. 그래서 번개 같은 자연적 원인으로 산불이 발생하면 숲은 다시 회복될 수 있다. 하지만 산불이 너무 자주, 그것도 좋지 않은 시기에 일어나면 숲은 심각한 위험에 빠지게 된다. 몇 년 전부터 산불 발생이 점점 잦아지고 있는데, 안 그래도 사방에서 죄어 오는 위협으로 궁지에 몰린 숲의 상황을 더욱 악화시키는 일이다. 산불의 원인도 대부분 인간이 제공하는데, 다시 말해 무심코 버린 담배꽁초로 일어나는 화재와 다른 경제적인 목적으로 저지른 방화가 대다수이기 때문이다.

종이의 원료

의자와 책상, 장롱, 침대만 나무로 만드는 것이 아니다. 우리가 읽는 책과 아침마다 뒤적이는 신문도 숲이 있어서 만들어질 수 있다. 우리는 이런 사실을 대부분 의식하지 못하고 지내는데, 그것은 종이가 나무와는 전혀 비슷하게 생기지 않았기 때문이다. 그러나 종이는 오로지 나무만으로 여러 화학적 가공 과정을 거쳐 만들어진다. 재료는 다양하다. 가문비나무, 전나무, 소나무, 낙엽송 같은 침엽수를 사용하기도 하고, 너도밤나무, 포플러나무, 자작나무, 유칼립투스 같은 활엽수를 사용하기도 한다. 어떤 나무를 사용할지는 어떤 종이를 만드느냐에 따라 결정되는데, 이는 나무마다 무늬와 느낌이 다르기 때문이다.

다행히 요즘은 재생지의 중요성이 커지고 있다. 그동안 기술이 놀랍도록 발전해서 일반 종이와 거의 차이가 나지 않을 정도이다. 적은 양이지만 짚과 폐휴지도 질이 조금 떨어지는 종이 생산에 이용된다. 그러나 종이의 가장 중요한 원료는 여전히 나무이다.

한국은 국민 한 사람이 사용하는 종이가 1년에 약 180킬로그램이다. 이것은 대략 날마다 A4 용지 200매짜리 한 묶음을 소비하는 것에 해당하는데, 실제로 종이를 사용하지 않는 갓난아기와 노인들을 빼면 1인당 소비량은 더 많아질 것이다. 미국의 경우 종이 소비량은 훨씬 더 많아서 국민 한 사람이 사용하는 종이가 1년에 335킬로그램에 이른다. 컴퓨터 보급이 일반화되면서 종이 사용량은 오히려 증가하였다. 종이 없는 사무실, 즉 컴퓨터 파일로 자료를 주고받는 사무실의 꿈은 아직 아득해 보인다. 실제로 우리는 옛날에 비해 더 많은 자료를 종이로 인쇄한다. 게다가 어디를 가나 신문과 잡지, 책, 포장 상자가 홍수를 이룬다.

현재 1인당 약 6킬로그램을 소비하는 아프리카 주민들이 만일 미국인들만큼 종이를 쓴다면 전 세계의 숲은 순식간에 지금의 몇 분의 1로 줄어들 것이다. 전문가들의 추산에 따르면 2015년까지 전 세계의 종이 소비량은 지금보다 4분의 1이 늘어난 4억 4000만 톤에 이를 것이라고 한다.

숲은 왜 필요할까?

숲을 둘러싸고 사람들이 이렇게 목소리를 높이는 이유는 무엇일까? 앞으로도 계속 나뭇잎을 스치는 바람 소리와 즐겁게 노래하는 새소리를 듣고 싶어서일까? 아니면 기독교인들처럼 신이 창조한 이 땅을 잘 관리해야 한다는 사명감 때문일까? 우리가 숲을 보존하는 데 앞장서야 하는 이유는 단순히 대도시의 소음과 매연에서 벗어나 나무들 사이에서 휴식을 취할 수 있기 때문만은 아니다.

숲은 생태계의 조화로운 운행에 중요한 구실을 한다. 무엇보다 숲은 세계적으로 점점 줄고 있는 담수의 저장고이자 물의 정화 시설이다. 또한 나무의 억센 뿌리는 지반을 안정시키고 침식을 막아 주며, 물과 얼음, 바람 때문에 일어나는 산사태를 예방한다. 비탈 지역의 나무들을 모두 잘라 버렸을 경우 비가 내리면 흙은 속절없이 빗물에 씻겨 내려갈 수밖에 없다. 그래서 비가 올 때마다 비옥한 흙이 사라지고 땅은 황폐해진다. 이런 황폐한 땅에 다시 풀을 돋게 하려면 나무를 자른 것보다 몇 배는 더 큰 수고와 돈을 쏟아 부어야 한다.

예를 들어 보자. 온두라스의 수도 테구시갈파는 한때 울창한 숲으로 뒤덮여 있었지만, 지금은 나무들이 줄지어 뽑혀 나가면서 듬성듬성한 구릉만 남았다. 여기서도 다시 숲을 조성하려고 열심히 노력하고 있지만, 쉽지는 않다. 어떤 경우엔 어린나무들이 죽지 않게 한 그루 한 그루 보살펴 주어야 하기 때문이다. 한 줄씩 심은 나무들이 뿌리를 내리면 천천히 위로 올라가면서 계속 작업을 해야 하는데, 혹시 그사이에 비가 와서 산사태라도 나면 그동안의 노력은 물거품이 되고 만다. 온두라스에서는 지금도 산림 벌채가 계속되고 있다. 그것도 1960년대에 비해 속도가 3배나 더 빨라졌다. 더구나 조림 사업이라도 없었다면 그 속도는 걷잡을 수 없이 빨라졌을 것이다.

숲은 많은 기능을 한다. 먼저, 물을 정화하고 땅을 보호한다. 습도를 높이고 바람과 폭풍을 막아 기후를 안정시킨다. 또한 숲이 '세계의 허파' 구실을 한다는 것도 빼놓을 수 없다. 대기 중의 이산화탄소를 흡수하는 대신 소중한 산소를 내뱉어 생명들이 살아갈 수 있게 하는 것이다. 그래서 숲이 지금처럼 계속 사라지면 기후는 더욱 급격한 변화를 겪을 수밖에 없다. 브라질의 열대우림이 신음하면 우리가 생각하는 것보다 더 직접적인 변화가 우리에게 닥칠 것이다. 인도네시아에서 지속가능한 산림 관리를 하지 못해 너무 많은 나무들이 잘려 나가면, 언젠가는 자연이 우리에게 그 책임을 물을 것이다. 아무리 멀리 떨어져 있고, 아무리 식생대가 달라도 모든 숲에는 한 가지 공통점이 있다. 우리의 생활 터전인 이 지구에 없어서는 안 될 존재라는 것이다.

슬픈 열대

열대 지방은 진정한 자연의 보고로서, 지상에서 가장 다양한 생물종이 서식하는 곳이다. 적도 주변의 열대우림에는 육상 생물의 3분의 2에 해당하는 수백만 종의 동식물이 살고 있다. 이곳에서는 고작 1헥타르의 땅에 수백여 종의 나무가 뒤섞여 자라는 것도 흔한 일이다. 숲은 동식물의 안식처이자, '자동 온도 조절기'이자, 물을 저장하고 정화하는 수조이자, 깨끗한 공기의 제공자이다.

이처럼 말로 다 표현할 수 없을 정도

로 엄청난 숲의 중요성을 인식하여 숲을 지키고 보존하는 의무를 적은 규정들이 전 세계적으로 수없이 생겨났다. 그러나 통일적이고 명확한 보호 규정뿐 아니라 부자 나라들의 지원책을 담은 포괄적인 '숲 협정'은 아직까지 나오지 못하고 있다.

환경보호 단체들은 몇 년 전부터 단계적인 접근 방식을 요구한다. 첫 단계는 숲이 자연스럽게 성장해 나갈 수 있도록 벌목 자체를 금지하는 보호 구역을 설정하는 것이다. 다음 단계는 나무가 잘려 나간 숲에 되도록 빨리 다시 나무를 심는 것이다. 마지막은 지속가능한 산림 관리를 촉진하는 단계로서, 새로 자라는 나무보다 더 많은 나무를 베지 못하게 하는 것이다. 그러나 여러 국가들이 많은 약속을 했지만 국제적인 산림 보호의 결과는 실망스럽기 짝이 없다. 숲은 계속 사라지고, 극히 일부 지역만 지속가능한 숲으로 지정되어 보호되고 있다. 열대 지방에서는 그렇게 지정된 숲이 5퍼센트에 지나지 않는다. 그것도 원래의 취지대로 관리되고 있는 숲은 4퍼센트일 뿐이다. 물론 이 정도만 해도 10년 전과 비교해 무척 나아진 것임을 생각하면 웃어야 할지 울어야 할지 알 수가 없다.

그러나 열대 지방의 해당 국가들을 비난하기 전에 먼저 우리 자신을 돌아보아야 한다. 남에게 손가락질을 할 경우 남을 가리키는 건 한 손가락이지만 자신을 가리키는 건 세 손가락이기 때문이다. 세계의 다른 지역에

있는 원시림도 몇 곳을 제외하고는 모두 사라졌다. 풍부한 원시림을 보유한 열대 지방의 나라들에게 과거에 우리가 했던 짓을 그만두라고 요구할 수는 없다. 그들은 아무런 대가 없이, 다시 말해서 경제적 지원을 받거나 생활환경이 개선되지 않는다면 결코 그런 요구를 수용하지 않을 것이다. 지금까지 산업화를 앞세워 엄청난 양의 이산화탄소를 배출하면서 지구를 오염시킨 주범은 바로 선진국들이다. 반면에 열대 지방의 가난한 나라들은 산업화 혜택을 누리기는커녕 선진국들 대신 환경 파괴의 대가를 치르고 있다. 따라서 열대 지방의 숲을 보호하는 것은 해당 국가만의 과제가 아니라, 우리 모두가 책임지고 풀어야 할 과제이다.

우리는 자기 나라에 있는 숲은 죽이지 않을 수 있지만, 다국적 소비를 통해 다른 나라에 있는 숲은 죽이고 있다. 우리 소비자들에게도 그것을 막을 방법이 있다. 소비자는 소비 행태의 변화를 통해 전 세계 산림 관리에 영향력을 행사할 수 있기 때문이다. 예를 들어 FSC 인증서처럼 환경 친화 증명서가 붙은 목재 가구만 구입하는 것도 하나의 방법이다. 물론 그것만으로는 충분하지 않다. 한 걸음 더 나아가 풍부한 숲을 가진 나라들에 경제적 지원을 아끼지 않고, 공동 개발에 나서고, 원목 생산 국가들에 유리하도록 관세와 수입 절차를 정비해야 한다. 그들의 숲이 있기에 우리 모두가 더불어 살 수 있기 때문이다.

몇 년 전 열대림 보호에서 아주 중요한 의미가 있는 나라의 산림부 장관이 독일을 방문했다가 헬리콥터로 독일 상공을 지나간 적이 있다. 그때 그 장관은 사열을 받는 병사들처럼 질서정연하게 늘어선 숲들을 보면서 몹시 화를 냈다고 한다. 높고 곧게 뻗은 나무들은 하나같이 단기간에 최고의 수익을 올릴 수 있는 종류였기 때문이다. 그의 눈에 비친 독일의 숲은 한마디로 거대한 나무 공장이었다. 그 장관이 흥분한 이유도 바로 거기에 있었다. 만일 자기 나라에서 이렇게 경제성이 높은 숲을 조성하려고 하면 세계 곳곳에서 벌 떼처럼 일어나 비난을 퍼붓고, 도덕군자인 척하는 목소리로 열대림을 보호할 것을 요구한다는 것이다. 자신들에게 아무런 대가도 주지 않으면서 말이다.

그 장관의 말이 옳다. 선진국들은 오래전부터 그런 경제적인 숲을 조성해서 많은 이익을 보았으면서도 열대 지방의 국가들에게만 열대림을 보존하라고 하는 것은 부당하고도 비현실적인 요구이다. 숲은 경제적 가치로 환산될 때에만 파괴를 막을 수 있기 때문이다. 현실적으로 숲을 아껴 가면서 사용하는 것이 숲을 지키는 최선의 보호책일 때가 많다.

줄어드는 노아의 목록

자연적으로 형성된 동식물의 다양성이 줄어드는 게 나쁜 일일까?
포도밭 기슭에 초록도마뱀이 더 이상 보이지 않는 것을 심각하게
걱정해야 할까? 벵골호랑이는 어떤 이유로 이 세상에 꼭 있어야
하는 것일까? 염소와 소를 잡아먹고, 때로는 사람들을 공격해서
상처를 입히고 죽이기까지 하는데 말이다. 흔한 꽃뱀이 사라지는
것도 걱정할 만한 일일까? 종의 다양성은 동식물계의 다채로움에
푹 빠진 동식물 애호가들에게만 의미가 있는 것은 아닐까? 또는
먹고사는 것과는 전혀 상관없는 사치품이 아닐까? 그렇지 않다.
절대 그렇지 않다. 다양성이 줄면 이 세상에 존재하는 소중한
생명의 터전도 함께 줄어드는 것이다. 습지가 사라지고 거기에
적응해서 살아가던 동식물까지 덩달아 사라지면, 우리는 누구도
대신해 주지 못하는 걸 알면서도 모두가 당연한 것으로 누리고
싶어 하는 자연의 놀라운 선물들을 잃어버리고 말 것이다.

동 물의 제왕조차 이제 더는 혼자 힘으로 목숨을 지킬 수가 없는 상황이 되고 말았다. 인간의 도움이 없다면 사자는 앞으로 수십 년 안에 아프리카에서 멸종될 것이라고 동물 보호가들은 진단한다. 지난 20년 동안 관찰한 결과, 아프리카 사자는 질병과 생활 터전의 상실로 30만 마리에서 3만 마리로 줄어들었다. 사자가 없는 아프리카를 상상하기란 어렵지만, 이제 그것은 일어날 수 있는 일이 되었다. 판다 없는 중국도 있을 수 있는 일이 되어 버렸다. 대나무를 씹어 먹는 귀여운 판다가 멸종 위기에 놓여 있기 때문이다. 중국의 인구가 증가하는 만큼 판다는 외곽으로 내밀렸고, 판다가 먹고살 지역은 점점 줄어들고 있다. 바늘 하면 실이 생각나듯이 북극 하면 떠오르는 북극곰도 계속 녹아내리는 빙산 때문에 생존을 위협받아 처절한 몸부림을 치고 있다.

가속화되는 멸종

지구는 나날이 다양한 소리와 색채, 형태, 냄새의 일부를 조금씩 잃어 가고 있고, 그와 함께 지구의 다채로움도 점점 줄어들고 있다. 물론 자연 재앙으로 일어나는 생물종의 감소는 늘 있는 일이었다. 빙하기가 닥치거나 화산 폭발, 태풍, 지진이 일어날 때마다 지구상에 존재하는 생명체의 개체 수는 계속 변했다. 그러나 대략 17세기 이후부터 생물종이 급격히 감소한 것은 모두 인간 때문이다. 그리고 그 속도는 더욱 빨라지고 있다.

세계자연보전연맹(IUCN)의 추정에 따르면 오늘날 희귀 동식물의 멸종 속도는 100년 전에 비해 백 배에서 천 배 정도 빨라졌다고 한다. 공룡이 멸종된 뒤로 동식물종이 이렇게 세상에서 빨리 사라진 적은 없었다. 식물은 둘 중 한 종이, 동물은 넷 중 한 종이 위기를 맞고 있다.

세계자연보전연맹의 '적색 목록'에는 멸종 위기에 놓인 동식물이 1만 6000종 이상 올라 있다. 자바코뿔소와 아시아 호랑이도 그중 하나이다. 가장 심각한 위험에 노출된 종은 민물고기이다. 조류 중에서도 바다제비의 일종인 알바트로스를 비롯해 두루미, 앵무새, 꿩, 몇몇 비둘기 종이 특히 걱정스럽다. 포유류 중에서는 유제류[9]와 맹수류, 영장류, 바다소[10]가 위험하고, 양서류 중에서는 도롱뇽과 여러 종의 두꺼비, 개구리가 위협받고 있다. 파충류 중에서는 거북의 개체 수가 눈에 띄게 줄고 있다. 이런 동물들의 감소 추세는 중국과 브라질, 멕시코, 오스트레일리아, 사하라 이남의 아프리카, 동남아시아에서 특히 높게 나타나지만, 지구상의 일반적인 현상으로 볼 수 있다.

멸종은 점진적으로 진행되는 과정이다. 처음에는 개체 수만 줄어들다가 다음에는 종의 아랫

단위인 개별 아종이 사라진다. 그러다가 마지막에는 전통적으로 살던 일
부 지역에서만 드문드문 보이다가 결국 완전히 자취를 감추어 버린다. 이
런 생물종의 급격한 감소 현상이 지난 몇백 년 동안에는 위험이 닥쳤을 때
피할 방법이 없는 섬에서만 나타났다면, 오늘날에는 육지에서도 그와 비
슷한 속도로 감소 현상이 일어나고 있다. 지금까지 인간 때문에 지구상에
서 완전히 사라진 생물은 약 800종에 이른다. 아직 남은 생물종의 수를 생
각하면 그다지 심각하게 들리지 않을 수도 있지만, 명확하게 입증되지 않
은 것까지 헤아려 보면 실제로 얼마나 많은 종이 멸종되었는지 전문가들
도 자세히 알지 못한다. 세계야생생물기금의 발표에 따르면 지난 30년 동
안 척추동물의 3분의 1이 지구상에서 사라졌다고 한다.

자연을 약탈하는 인간

동식물의 멸종 원인은 다양하지만 거의 인간이 끼어들어 있다. 자연과 가까운 곳에 집을 짓고, 뭇사람의 발길이 닿지 않은 곳에서 요트를 타고, 한적한 산악 지대에서 스키를 타고, 외딴 해변에서 수영을 하고, 굽이쳐 흐르는 물줄기를 직선화하는 이 모든 것이 동식물에게는 생활의 터전을 빼앗는 약탈 행위이다.

인류는 개체 수만 늘어 가는 것이 아니라 개체들의 욕구도 점점 커지고 있다. 숲은 농경지에 밀려 잘려 나가고, 습지는 메워지고, 들판에는 집과 도로가 세워지고 있다. 도로와 인프라 시설은 자연의 풍경을 갈기갈기 찢고, 늘어선 건축물은 땅이 숨을 쉬지도 못하게 한다. 자연은 자꾸 뒤로 물러나고, 우리는 계속 자연의 공간을 침범한다. 유럽에서는 도시 지역이 해마다 서울의 네 배 크기만큼 새로 생겨나고 있다. 땅과 자원의 소비가 지금 같은 추세로 계속된다면 식량과 에너지, 인프라 시설에 대한 인간의 욕구를 채우기 위해서 2050년쯤엔 지구 같은 행성이 2개는 더 필요할 것이다. 우리가 이렇게 제멋대로 생활하느라 얼마나 많은 자연을 소비하고 있는지 보여 주는, 이른바 '생태 발자국'[11] 지수는 점점 더 커지고 있다.

생물 멸종의 원인으로는 대규모 토목 공사, 비료와 살충제를 이용한

잃어버린 자산 우리 인간은 '자연'이라는 둘도 없는 자산을 무분별하게 탕진하고 있다. 예를 하나 들어 보자. 캐나다 학자들은 훼손되지 않은 습지에서 얻을 수 있는 연간 이익을 6000달러 이상으로 산정했다. 습지는 무엇보다 땅 밑에 물을 저장하고, 그로써 홍수를 막아 주는 소중한 역할을 하기 때문이다. 반면에 그런 습지를 메워 농지로 사용할 때의 가치는 아무리 높게 봐도 2000달러에 지나지 않는다. 21세기 초, 수백 명의 학자들이 지금껏 인간이 자연 자산을 얼마나 소비했고 남은 건 얼마인지 조사해 보았다. 결과는 충격적이었다. 평균 잡아 벌써 40퍼센트 이상을 탕진해 버린 것이다.

집약 농업을 들 수 있으며, 그 밖에 엄청난 돈이 오가는 희귀 동식물 거래도 빠뜨릴 수 없다. 야생 생물을 이용한 사업은 지금도 성행하고 있는데, 예전에는 상아의 인기가 높아 코끼리가 수난을 당했다면 오늘날에는 호랑이 가죽이나 코뿔소 뿔이 인기가 많아 이것들의 개체군이 급격히 감소하고 있다. 생물의 생활 터전을 빼앗는 행위 다음으로 멸종의 큰 원인이 바로 이러한 동물 사냥과 희귀 식물 채집이다. 가끔 무지나 소유욕 때문에 이런 일이 벌어지기도 하는데, 동물의 뿔과 털, 가죽을 마치 우승 트로피처럼 소유하려고 하는 것이다.

마지막으로 약학적 동기에서 비롯된 약탈도 있다. 자연은 무엇과도 비교할 수 없는 탁월한 천연 약국이다. 예컨대 미국 국립암연구소에 따르면, 지구상에는 암세포를 퇴치하는 효력이 있는 식물이 3000종 넘으며, 그 중 70퍼센트가 열대우림에 서식하고 있다고 한다.

수천 종의 동식물과 수백 종의 곰팡이, 세균이 인간의 건강에 중요한

물질을 제공하는 것으로 알려져 있다. 지
금도 화학적 의약품이 아니라 이런 훼손
되지 않은 자연에서 약을 구하는 사람들
이 많다. 특히 가난한 사람들이 그러한데,
'자연'이라는 천연 약국은 아무런 대가도
요구하지 않고 그들을 질병으로부터 보호하
고 치료해 주기 때문이다. 자연의 치료제가 없었

더라면 그들의 삶은 무너졌을지도 모른다. 그런데 서
양의 주류 의학도 자연의 치유력을 활용하며 그 덕을 톡톡히 보고
있다. 한마디로 전 세계적으로 수요가 증가하고 있는 것이다. 지금까지는
특정 문화권에서 발달한 오랜 지식을 바탕으로 특허권 보호 없이 자연 치
료제를 누구나 활용할 수 있었다. 하지만 이런 자연 치료제를 찾아내고 사
용하는 방법에 관한 합리적인 규정을 하루빨리 마련해야 한다.

수많은 약용 식물들도 적색 목록에 올라 있다. 예를 들면 심혈관 치료
에 특별한 효과가 있다고 알려진 야생 인삼이 그중 하나이다. 나무껍질이
의학적 목적으로 이용되는 아프리카벚나무도 무분별한 채취로 멸종 위기
를 맞고 있다.

머나먼 외국 땅에 서식하던 동식물이 기후와 수질, 풍토 같은 자연 조
건이 전혀 다른 지역으로 반입되는 경우도 많은데, 이런 동식물을 '외래
종'이라 한다. 때로는 여행객들이 별 다른 의도 없이 들여오는 경우도 있
고, 때로는 명백히 반입이 금지된 동식물을 기념품이나 이국적인 추억거
리로 몰래 가져오는 경우도 있다. 또한 유조선이 원유를 내려놓고 다시 기
름을 실으러 갈 때 배의 균형을 유지하기 위해 바닥에 채우는 밸러스트 물
도 다른 하천과 바다에 살던 종들을 이질적인 환경에 풀어 놓는 역할을 한
다. 그 밖에 목재와 다른 유기물들의 국제적인 수출입을 통해서도 벌레와

미생물이 먼 거리를 이동해서 낯선 생태계 속으로 옮겨진다. 그런데 이런 외래종들이 짧은 시간에 그 지역의 토착종들을 밀어내고 점령군 행세를 하는 일이 곧잘 벌어진다. 한 예로 하와이로 반입된 카리브해의 개구리들은 하와이의 토착 해양 생물들을 닥치는 대로 잡아먹을 뿐 아니라 그들의 생활 터전까지 파괴하고 있다.[12]

　기후변화에 따라 생물종의 멸종 위기도 점점 커지고 있다. 전 세계 여러 고산 지대에서 나타나는 현상이지만, 남아프리카 케이프타운 남쪽에 있는 테이블 산의 자연 보호 구역에서도 벌써 그런 조짐이 뚜렷이 관찰되고 있다. 생물종들이 기온이 낮은 곳을 찾아 계속 산 위로 올라가고 있는 것이다. 어떤 이들은 이 정도 속도라면 동식물이 변화된 기후 조건에 적응하거나 원래의 생활 터전을 떠날 시간조차 없지 않을까 우려한다. 그리되면 철새들이 부화하고 쉴 곳이 없어 해안 근처의 습지대를 기웃거릴 가능성이 크고, 열대 지방 역시 가뭄과 산불의 위험이 커지면서 많은 종들이 재앙을 겪을 것이다.

　몇몇 전문가들의 진단에 따르면, 아직까지 생물종이 다양하게 남아 있는 지역 가운데 20퍼센트에서 머잖은 시기에 대규모 멸종 사태가 일어날 것이라고 한다. 지구의 기온 상승이 정확히 어떤 결과로 나타날지에 대해서는 전문가들 사이에서도 의견이 분분하지만, 그것이 동식물 세계에 부정적인 영향을 미칠 것이라는 점에는 모두 의견이 일치한다.

새로운 종과의 만남

언뜻 모순처럼 들리지만 멸종과 함께 새로운 종들도 계속 발견되고 있다. 밀림이나 심해 같은 미지의 영역으로 깊이 들어갈수록 지금까지 우리가 몰랐던 생명체를 만날 가능성은 더욱 커진다. 최근에 태평양의 파푸아뉴기니 섬의 정글을 탐험한 몇몇 학자들은 감추어진 낙원을 발견한 기분이었다. 겨우 4주 만에 여지껏 알려지지 않은 개구리 20종을 비롯해서 새로운 나비 4종과 깜짝 놀랄 정도로 많은 식물종을 만난 것이다. 이 섬은 한마디로 보르네오나 마다가스카르 같은 열대 지방의 다른 큰 섬들과는 달리 종의 다양성이 잘 보존된 세계였다.

아시아의 일부 지역에도 이와 비슷한 미개척지가 있을 것으로 보인다. 특히 수십 년 동안 이어지는 내전과 전쟁으로 학술 연구가 이루어지기 힘들었던 캄보디아와 베트남이 주 후보지이다. 그 밖에 아직까지 군사 정권이 강압적으로 통치하고 있는 미얀마에도 깜짝 놀랄 만한 자연의 보고가 숨겨져 있을 것으로 추정된다. 갈수록 새로운 종이 발견되었다는 소식이 세계 곳곳에서 끊이지 않는다. 이는 어류와 양서류에 국한된 이야기가 아니다. 비교적 몸집이 큰 동물들도 세상에 드러나길 기다리고 있다. 지구상에 존재하는 생물들 가운데 아직 학문적으로 연구되지 않았거나 그 존재조차 알려지지 않은 종이 엄청나게 많기 때문이다.

지구상에 정확히 얼마나 많은 동식물이 사는지는 아무도 모른다. 대략 500만~3000만 종으로 추정된다. 물론 이것도 연구 기관마다 조금씩 다르다. 예를 들어 유엔환경개발회의가 위탁한 한 연구에 따르면 지구상의 생물은 1300만~1400만 종에 이를 것이라고 한다. 지금까지 그중에서 10퍼센트만 학문적으로 밝혀졌는데, 척추동물 4만 1000종, 종자식물과 양치류, 이끼류 25만 종, 곤충 7만 5000종이다. 그러나 전문가들이 다양한 종들을 체계적으로 분석하려고 애쓰는 동안에도 동식물은 계속해서 목록에서 사라지고 있다.

워싱턴 종 보존 협약

국제사회는 동식물의 멸종 위기를 잘 안다. 그래서 몇십 년 전에 벌써 멸종 위기에 놓인 동식물의 거래를 제한하는 협약을 체결했다. 1973년 국제 협력을 통해서만 최선의 대책을 마련할 수 있다는 인식 위에서 체결된 '워싱턴 종 보존 협약'이 그것이다. 멸종 위기의 야생 동식물은 국가를 넘어, 때로는 대륙을 넘어 거래되는 경우도 매우 많았기 때문이다. 현재 150개 국 이상이 가입한 이 협약에는 멸종 위험도가 다양하게 구분되어 있는데, 그에 따르는 규정도 각각 다르다. 가령 유인원과 호랑이, 표범은 전면적으로 거래를 금지하는 데 반해, 몇몇 종은 일정한 조건 아래 수출을 허용하기도 한다.

이 협약은 어느 정도 실효를 거두었다. 한 예로, 1989년부터 상아 거래를 엄격하게 금지한 뒤부터 아프리카에서 코끼리 밀렵이 중단된 것이다. 느슨한 조치로는 밀렵을 완벽하게 봉쇄할 수 없었기에 전면 금지 조치를 선택한 결과였다. 당시 케냐의 차보 국립공원에서는 코끼리 떼가 사라지기 직전이었지만, 지금은 다시 수천 마리의 코끼리 떼가 북적이고 있다. 남아프리카공화국도 비슷한 위기를 맞았지만, 지금은 여러 공원에서 한가하게 떼를 지어 돌아다니는 코끼리들을 볼 수 있다.

하지만 워싱턴 종 보존 협약에도 약점이 있다. 규정상 실제로 멸종 위기에 놓인 동식물만 보호하기 때문에, 정작 보호 대상으로 지정될 때에는 이미 손을 써 볼 시간조차 없을 정도로 상황이 악화된 경우가 많다는 것이다. 게다가 워싱턴 종 보존 협약은 국가 간의 거래에만 적용될 뿐 각국 내의 거래에는 적용되지 않는 데다 거래 금지를 관철할 강제 수단이 없다 보니 범죄자들을 처벌할 마땅한 방법이 없는 것도 커다란 허점이다. 결국 이 협약으로는 점점 늘어나는 동식물의 멸종 사태를 막을 수 없고, 엄청난 이권이 걸린 야생 동식물 거래를 완전히 저지할 수가 없다.

그래서 20년 뒤 '생물 다양성 협약'이라는 또 다른 국제 조약이 체결되었다. 이 협약에서 유엔은 2010년까지 종의 다양성 감소를 막겠다는 원대한 목표를 세웠다. 그러나 여러 연구의 진단에 따르면 지금까지 각 나라들이 보여 준 조치와 정치적 책임감으로는 그 목표를 달성하기 어려울 것이라고 한다. 우리는 여전히 자연 자산을 양심 없이 함부로 탕진하고 있다.

종의 다양성은 왜 필요할까?

생태계가 무너지지 않고 조화롭게 존속하려면 생물의 다양성은 과연 얼마만큼 유지되어야 할까? 모든 생물이 꼭 있어야 할까? 좀, 쥐, 옥수수, 겨우살이, 조개, 목련 모두가 우리에게 똑같이 필요한 존재들일까? 이와 관련해서는 서로 어긋나는 이론이 몇 가지 있다.

동물원이 종의 멸종을 막는다 때로 동물원과 식물원은 멸종 위기에 놓인 종을 보존하는 데 기여한다. 예전에 유럽 전역에 살았던 들소가 대표적인 경우이다. 인간의 무분별한 사냥으로 야생 들소는 벌써 몇십 년 전에 완전히 사라졌다. 하지만 동물원에는 남아 있었다. 동물원의 보호를 받아 개체 수를 늘려 가던 유럽 들소는 나중에 야생에 방목되었다. 지금은 동유럽의 몇몇 지역에서 유럽 들소를 다시 볼 수 있다. 그러나 유럽 들소처럼 동물원의 구제 노력이 성공한 경우는 드물다. 많은 동물들이 울타리에 갇힌 상태에서는 아예 번식을 못하거나, 구제된다 하더라도 그 수가 많지 않기 때문이다. 게다가 많은 동물원과 식물원이 곧 포화 상태에 이를 전망이다.

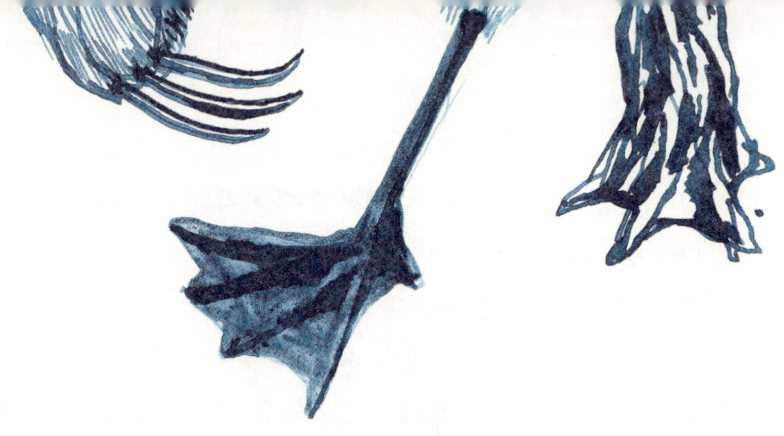

먼저 '나사못 가설'에 따르면 이 세상의 모든 종은 크든 작든, 강하든 약하든 똑같이 중요하다. 비행기 기체를 연결하는 나사못 가운데 하나만 빠져도 치명적인 사고가 일어날 수 있듯이 생태계를 유지하는 데에는 모든 종이 필요하다는 것이다. 반면 '승객 가설' 이론에서는 생태계가 존속하기 위해선 핵심적인 종 몇 개만 있으면 된다. 비행기에서 안전한 도착을 책임지는 것은 조종사를 비롯한 승무원 몇 명일 뿐이기 때문이다.

이렇게 극단적으로 대립하는 두 이론 사이에 '중복 가설'이 있다. 이 가설에 따르면, 처음엔 종의 기하급수적인 증가가 생태계에 큰 이익을 가져다주지만, 어느 수준을 넘으면 더 이상의 추가되는 효과는 없다고 한다. 기존의 종과 중복되기 때문이다. 그러나 이 중복 가설이 무분별한 동식물 거래의 도덕적 근거가 되어서는 안 된다. 우리는 생물을 '이용 가치'에 따

자연의 특허품들 인간은 자연이 진화 과정에서 스스로 발견한 특정 문제들에 대한 해결책을 배우고 받아들였다. 그런 경향이 발전적으로 이어진 것이 바로 1960년대에 탄생한 생물공학이다. 생물학과 공학의 특이한 조합인 생물공학(바이오닉스)은 생물의 효율적인 기능과 신체적 장점을 인간 생활에 응용하는 방안을 연구하는 학문이다. 예를 들어 연잎 위에 떨어진 물은 흡수되지 않고 표면에 방울방울 맺히는데, 이러한 '연잎 효과'는 방수 제품을 생산하는 회사에서 관심을 가질 만하다. 또한 잠자리의 신체적 구조는 인간이 헬리콥터를 만들 때 도움이 되고, 많은 동물들의 골격에서 드러나는 '경량 구조'는 언젠가는 비행기 설계에 이용될 수 있을 것이다. 그리고 상어의 민첩성과 유연성을 높여 주는 표면의 비늘 구조도 비행기의 공기 저항을 줄이는 데 응용될 수 있다.

라 측정하는 경향이 있다. 그러나 종의 존재 가치는 결코 인간에 대한 유익성에 따라 평가되어서는 안 된다. 생물은 하나하나 그 자체로 가치가 있다.

하나의 종이 죽어 갈 때마다 지구상에서 '유전자 창고'의 한 조각도 함께 사라진다. 우리 인간은 아직 해독하지 못한 생물들의 다양한 유전자 구조가 얼마나 중요한지 충분히 깨닫고 있다. 종의 다양성이 사라지면 자연이 오랜 시간에 걸쳐 특정 환경에 대응하는 방법으로 가르쳐 준 갖가지 지식들도 사라진다. 예를 들어 열대 지방의 해변이나 습지에서 자라는 맹그로브 나무는 소금물도 이용할 수 있다. 해안의 주변 환경에 적응했기 때문인데, 이 능력을 유전적으로 해독해 낼 수만 있다면 줄어드는 물 문제를 해결할 훌륭한 방법도 나올 것이다.

생물종이 이대로 계속 감소하면 자연 자체가 새로운 환경에 적응하는 능력을 서서히 잃어버릴지도 모른다. 환경에 대응하는 경우의 수가 부족하기 때문이다. 종의 수가 줄면 적응 가능성도 줄어든다. 전문가들은 동식물의 진화 능력도 떨어지지 않을까 염려한다. 다양성은 안정을 뜻한다. 반면에 단일성은 위험을 높인다. 그것은 자연이나 문화나 마찬가지이다.

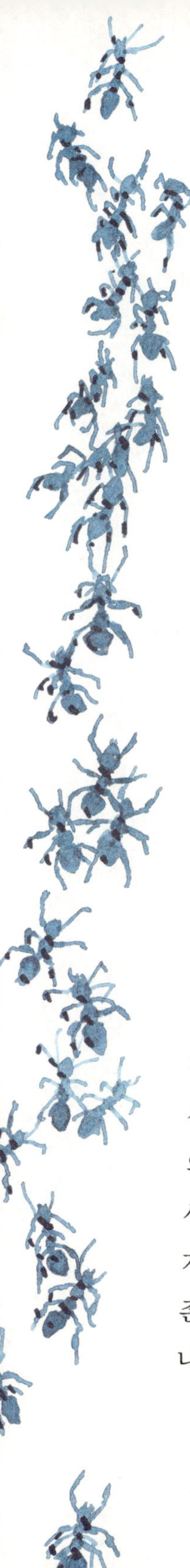

이익을 공유하려는 정신

종의 감소를 멈추려면 어떻게 해야 할까? 먼저 육지와 바다에 보호 구역을 지금보다 10퍼센트 이상 더 지정해야 한다. 그다음 보호 구역이 제대로 운영되고 있는지 검증하는 장치가 마련되어야 한다. 개발도상국들은 그에 필요한 인력과 자금이 부족하므로 선진국들의 지원이 절실하다. 앞서 언급했듯이, 그런 지원은 선진 공업국들 자신을 위한 길이자 그들의 당연한 의무이기도 하다. 지금껏 종의 다양성으로 가장 큰 혜택을 누린 것이 바로 선진국들이기 때문이다.

자연의 원형이 보존된 나라는 대부분 몹시 가난하다. 그런 사람들에게 아무런 이익도 나누어 주지 않은 채 환경을 지키고 종의 다양성을 보존하라고 하는 것은 자기들만 이익을 챙기려는 선진국 사람들의 이기적인 생각일 뿐이다. 생활방식을 바꾸어 생물종과 유전자의 다양성이 유지될 수 있도록 애쓴 사람들에게도 자연의 열매가 돌아가야 한다.

지금까지는 누구나 풍요로운 자연을 공짜로 이용했다. 그리고 선진 공업국들은 생물종이 풍부한 지역에 보존된 다양한 '유전자 풀'(gene pool)과 지식을 공짜로 열심히 이용해서 생물공학 산업을 발전시켜 왔다. 그러나 종의 다양성을 지키고, 자연의 치유력에 대한 경험을 여러 세대에 걸쳐 전달해 준 사람들에게는 이런 지식의 발전으로 생긴 이익이 거의 돌아가지 않았다. 따라서 종의 다양성을 보존하기 위한 협약에는 그런 이들과 함께 이윤을 나눌 수 있는 '이익 공유'(benefit sharing)의 정신이 반드시 담겨야 한다.

　자연의 다양성을 지키는 사람은 엄청나게 중요한 일을 하는 것이다. 그 때문에 독일에는 '자연보호 계약'이라는 제도가 있다. 자연 친화적으로 땅을 경작하는 농부에게 정부가 그 대가로 경제적 지원을 하는 제도이다. 다른 나라에서도 이런 제도를 도입한다면 좋을 것이다.

희망봉에서

아프리카 남쪽 끝 희망봉 근처에 테이블 산이 우뚝 솟아 있다. 이 산은 어디서도 볼 수 없는 특이한 지층과 다양한 동식물로 유명하다. 산 위에서는 남아프리카공화국이 인종 분리 정책(아파르트헤이트)을 실시했을 때에 끔찍한 감옥이 있던 로벤 섬이 내려다보인다. 이 감옥은 넬슨 만델라가 18년 동안이나 갇혀 지낸 악명 높은 곳이다. 백인 이주민들의 흑인 차별 정책을 끝내려는 만델라의 노력은 결국 승리를 거두었다. 남아프리카공화국 최초의 흑인 대통령에 당선된 것이다.

　아파르트헤이트의 극복은 인간에 의한 인간의 착취를 끝내는 중요한 한 걸음이었다. 그러나 인간에 의한 자연의 착취는 아직도 극복하지 못한 상태로 남아 있다. 테이블 산의 끝자락에 아프리카에서 역사가 가장 길고 유명한 커스텐보시 식물원이 있다. 이 지역 식물들의 다양성을 보존하는 데 중요한 역할을 하는 식물원이다. 그런데 2005년 어느 날 한 예술가가 하얀색 조화(造花)들을 작은 유리병에 담아 이 식물원의 땅에 심었다. 조화가 어찌나 많던지 곧 하얗게 물결치는 거대한 들판이 만들어졌다. 조화 하나하나에는 멸종된 종의 이름이 적혀 있었다. 인간의 착취를 경고하는 기념비이자 멸종된 종들의 명복을 비는 공동묘지였던 것이다.

　우리는 동식물의 다양성과 매한가지로 인간의 다양성을 지키고 인정하며 존중하는 법을 배우고, 그 다양성이 인간의 평화로운 발전과 공존에 최대한 도움이 되는 방법을 찾아내야 한다. 종의 다양성은 결코 사치가 아니다. 그것은 가난을 극복하고 지구의 안전을 보장하는 가장 근본적인 조건이다. 자연은 가난한 사람들의 자산이자, 모든 인간의 생존을 위한 밑바탕이다. 따라서 종의 다양성을 지키는 것은 우리 모두의 윤리적 책임이기도 하다.

휘청거리는 바다

푸른 하늘과 수정처럼 맑고 짙푸른 바다, 산호초를 따라가며
즐기는 스노클링, 갖가지 빛깔의 물고기들이 떼를 지어 유유히
떠다니는 수중 세계, 항구의 레스토랑에서 즐기는 신선한 생선
요리……. 이것은 모두 남국의 바다를 선전하는 여행사의 홍보
문구이다. 그러나 현실은 딴판이다. 바다는 이미 병들었다. 오물로
범벅이 되고, 열이 나고, 약탈당했으며, 삼키지 말아야 할 것들을
삼킬 수밖에 없다. 바다에 의지하는 많은 생물들의 보금자리도
산성화되고 있다. '바다'라는 환자는 오래전에 병원으로 보내져야
했을 처지이지만, 회복 가능성은 보이지 않는다. 바다의 심각한
건강 상태에 책임을 져야 할 인간들은 환자에게 도움의 손길을
내밀기는커녕 오히려 점점 더 많은 지역을 생명이 살지 않는
'죽음의 바다'로 만들고 있다.

바닷가재는 지갑이 두둑한 미식가들이나 즐기는 값비싼 요리이다. 그러나 200년 전만 해도 이 갑각류는 미국에서 헐값에 팔렸다. 고급 음식도 아니었고, 주로 감옥과 고아원으로 보내졌다. 심지어 농장 주인들은 이것을 갈아서 비료로 쓰기도 했다. 미국의 앞바다에는 바닷가재와 게가 지천으로 깔려 있었기 때문이다. 그러다 바닷가재가 점점 귀해지면서 부자와 특권층의 식탁에만 오르게 되었다. 지금의 가치로 환산했을 때 1870년대에 바닷가재 1인분은 단 5000원이었다. 그러던 것이 100년 뒤에는 4만 원이 넘어 버렸다. 오늘날 점점 더 많은 해양 생물들이 바닷가재와 비슷한 운명에 놓여 있다. 번식할 시간조차 없을 정도로 쉴 새 없이 인간들의 손에 잡혀 가기 때문이다. 이런 추세라면 돌고래의 울음소리를 텔레비전에서나 듣게 될 날도 멀지 않은 것 같다. 지금 바다에서는 많은 어류가 점점 줄어들고 있다. 수년 전부터 어류 남획을 막아야 한다며 소리 높여 외치는 유엔의 경고가 예사롭지 않다.

그럼에도 바다가 망가질 거라는 사실을 쉽게 믿지 못하는 까닭은 바다의 어마어마한 크기와 엄청난 힘 때문일 것이다. 바다는 지구 표면의 3분의 2 이상을 덮고 있다. 해저에는 우리가 모르는 세계가 존재한다. 수 킬로미터 깊이의 분화구와 높은 해저 산맥이 길게 펼쳐져 있다. 지구에서 가장 긴 산맥인 바다의 '중앙 해령'은 고리처럼 지구 둘레를 휘감으며 북극해에서 대서양까지 뻗어 있다. 이것은 안데스 산맥과 로키 산맥, 히말라야 산맥을 합친 것보다 4배나 더 크다. 지구에서 가장 큰 폭포도 바다에 있다. 북대서양 그린란드 근처의 바다에는 3.5킬로미터 아래로 뚝 떨어지는 거대한 물기둥이 있다.[13]

인간과 바다

바다의 엄청난 위력을 생각하면 인간이 아무리 바다에 해를 입혀도 바다는 결코 허약해지지 않을 것처럼 보인다. 인간의 상상 속에서 바다는 오히려 공포의 대상이었다. 몇백 년 전까지만 해도 사람들은 바다에서 갑자기 솟구쳐 올라와 배를 통째로 끌고 들어가는 괴물이 있다고 믿을 정도였다. 그 괴물이 '모비 딕'이든 '백상아리'든 바다는 언제나 위험과 경계의 대상이었다.

얼마 전에는 우리 자신이 직접 바다의 엄청난 위력을 경험했다. 2004년 성탄절 무렵, 거대한 쓰나미가 아시아 일부 지역을 덮쳐 수천 명이 죽고 수많은 사람이 삶의 터전을 잃는 사건이 발생한 것이다. 쓰나미는 해저 지진이나 해저의 급격한 요동으로 발생한다. 처음에는 낮고 완만하던 물결이 수 킬로미터를 지나면서 차츰 높아지다가 바닷가에 이르러 어마어마하게 큰 파도로 변한다. 당시 사납게 요동치는 파도의 위력은 엄청났다. 배들이 마치 장난감처럼 육지로 내동댕이쳐졌고, 항구는 형편없이 망가졌으며, 집들도 우르르 무너졌다. 앞으로는 해저 지진 측정을 통해 바닷가 주민들에게 쓰나미의 위험을 제때 경고하는 방안이 마련되어야 할 것이다.

그러나 바다의 이런 위협보다는 인간이 바다에 끼치는 위험이 훨씬 더 크다. 인간은 바다를 무자비하게 파괴하고 바다의 자원을 마구잡이로 약탈한다. 그러면서도 바다의 엄청난 크기를 들먹이면서 대양의 자원은 고갈되지 않을 거라고 생각한다. 이만저만한 착각이 아니다. 바다가 빠진 위험은 인간에게 바로 이어진다. 바다는 인간에게 양식과 에너지, 지하자원을 제공한다. 늘어나는 세계 인구를 고려하면 바다에서 나는 양식의 중요성은 두말할 필요조차 없다. 게다가 건강하고 균형 잡힌 식생활을 하는

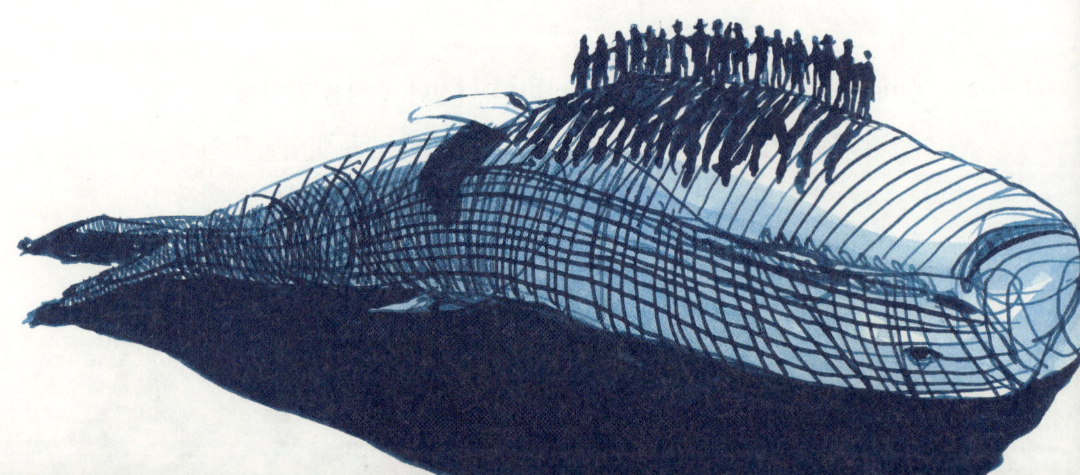

데 생선은 무척 중요하다. 소화가 잘 되는 고단백질과 필수 비타민, 미네랄을 공급하기 때문이다. 그래서 요즘은 전문가들이 추천하는 건강 식단에 생선이 빠지지 않는다. 하지만 미래 세대들은 어쩌면 이렇게 건강하고 맛있는 음식을 마음 놓고 먹지 못하게 될지도 모른다. 지금 세대들이 아무 생각 없이 바다를 착취하는 데에만 혈안이 되어 있기 때문이다.

오늘날 우리 앞에 제시된 수치는 심각한 우려를 자아낸다. 유엔 식량 농업기구의 조사에 따르면, 물고기 남획으로 식용 생선의 4분의 3이 줄어들었다고 한다. 공급이 부족하면 값이 비싸지기 마련이다. 그런데 값이 비싸다 보니 안 그래도 얼마 남지 않은 물고기를 서로 먼저 잡으려고 더욱더 열을 올린다. 참치와 범고래, 넙치, 대구는 지난 50년 동안 개체 수가 반이나 감소했다. 세계자연보전연맹의 산하 기구인 종보존위원회에 따르면 지난 40년 동안 어류 소비량은 세계적으로 4배가 늘었다고 하는데, 인

남획의 결과 영어로 'overfishing'이라고 하는 남획은 '물고기를 마구잡이로 싹쓸이하는 것'을 의미하는데, 해양 생물의 대규모 멸종을 불러일으키는 주원인이다. 오늘날 사람들은 어류가 자연적인 번식으로 개체 수를 유지할 시간도 주지 않고 닥치는 대로 포획한다. 인간이 끝없이 먹어 대고 있기 때문이다. 우리가 날마다 섭취하는 동물성 단백질 가운데 해양 생물이 차지하는 비율은 20퍼센트이다. 그런데 이런 남획으로 피해를 보는 사람들이 있다. 가난한 나라의 연안 주민들이다. 이들에게 물고기는 없어서는 안 될 중요한 식량원이자 거의 유일한 동물성 단백질 공급원이다. 그런데 큰 배들이 남획함으로써 바다에서는 더 이상 예전처럼 물고기가 잡히지 않는다. 그렇다고 작은 배를 타고 먼 바다로 나갈 수도 없다. 결국 비정상적인 방법으로 물고기를 잡는 일이 없는 가난한 어민들이, 불법적이고 무분별한 약탈 행위의 대가를 대신 받고 있는 셈이다.

구 증가와 생활수준의 향상을 고려하면 증가세는 앞으로도 계속 이어질
전망이다.

바다 위를 떠다니는 공장

전 세계 어선 수는 해양 자원의 지속가능한 이용에 필요한 규모보다 250
배나 많다. 이것은 단순히 인간의 끝없는 탐욕 문제만이 아니라 물고기를
잡는 무자비한 어업 방식과도 직접적인 연관이 있다. 어선들은 이른바 '혼
획'[15]을 아무렇지도 않게 생각한다. 뜻하지 않게 다른 그물에 걸린 물고기
들은 중상을 입은 채, 또는 죽은 채 다시 바다에 내버려진다. 때로는 상어
와 고래가 다른 어류를 잡기 위해 쳐 놓은 그물에 걸렸다가 고통스럽게 죽
어 가기도 한다. 통계에 따르면 혼획으로 잘못 잡히는 물고기가 네 마리
중 한 마리라고 한다.

그 밖에 해저 2000미터까지 그물을 내려 밑바닥으로 끌고 다니면서
깊은 바다 속 물고기를 싹쓸이하는 저인망 어업도 물고기에 막대한 해를
입힌다. 길이가 수천 킬로미터에 이르기도 하는 이런 그물에는
바닥을 끌 수 있도록 무거운 금속판과 고무 덩어리가
달려 있다. 한마디로 해양 생태계가 결딴나는
것은 나 몰라라 하고 오로지 물고기를 한 마
리라도 더 잡으려고 바다를 완전히 면도
질해 버리는 것이다.

아시아에서 조업하는 350만 대의 소
형 어선들은 대부분 아직도 전통적인 방식
으로 물고기를 잡는다. 이른 아침 남편들이

바다로 나가 운 좋게 물고기 몇 킬로그램을 잡아 오면 아내들이 시장에 갖고 나가서 파는 일종의 가족 사업이다. 예전에는 세계 어디서나 이런 방식으로 물고기를 잡았고, 자연과의 조화 속에서 지속가능한 방식으로 자연을 이용하며 살았다. 그런데 오늘날 영세한 어부는 같은 양의 물고기를 잡기 위해 예전보다 더 멀리 나가야 하고, 더 오랫동안 바다에 머물러야 한다. 심지어 밤을 새우는 일도 잦다. 이유는 분명하다. 대형 어선들의 싹쓸이 조업으로 바다 속에 물고기들이 많지 않기 때문이다.

세계의 대양은 첨단 기술을 동원해서 목표 지점을 정확히 파악하고, 군사작전하듯이 체계적으로 조업하는 대형 어선 수만 척이 장악하고 있다. 대형 어선들은 대부분 음파측정기로 물고기 떼의 위치와 방향을 찾아내고, 강력한 모터의 힘을 이용해서 수 킬로미터나 되는 무거운 그물을 끌고 다닌다. 게다가 이 어선들은 바다 위를 떠다니는 공장이나 마찬가지이다. 물고기를 잡아 올리자마자 그 자리에서 손질하고 포장해서 배 안의 거대한 냉동 창고에 보관하는 것이다.

이들 대형 어선이 잡는 물고기는 전 세계 어획량의 반이 넘는다. 그런데 이들이 포획하는 물고기들은 대부분 허가도 받지 않은 곳에서 불법으로 잡아들이는 것이다. 연안국은 자기 나라 해역의 200해리까지는 독점적 어업권을 갖는다. 만일 다른 나라의 선박이 거기서 어로 행위를 하려면 연안국의 허가를 받아야 한다. 그런데 모든 나라가 자신의 해역을 엄격하게 통제할 수 있는 것은 아니다. 그럴 만한 적절한 수단이 없는 경우가 많기 때문이다. 게다가 어떤 나라들은 어획 할당량을 너무 넉넉하게 책정하거나, 아니면 아예 어획량 제한조차 두지 않기도 한다.

그래서 미국과 일본, 유럽연합의 대형 어선들은 원래 자신들에게는 어업권이 없는 수역에 들어가기 위해 '편의치적'[16]이라는 제도를 이용해서 온두라스나 벨리즈, 파나마의 국기로 바꾸어 달고 조업에 나서기도 한다. 아프리카 인근 해역에도 어업권이 없는 어선들이 점점 더 자주 출몰하고 있다. 자신들의 어로 수역에는 더 이상 물고기들이 남아 있지 않기 때문이다. 달리 말해서 이들은 현대판 해적이다.

유럽연합에는 어획 할당량을 함께 협의해서 정하는 공동 어로 정책이 마련되어 있다. 국가 경제에서 어업이 차지하는 비중이 높은 프랑스와 영국, 에스파냐는 자신들에게 너무 낮은 어획량이 할당되지 않도록 하는 데 중점을 둔다.

몇몇 전문가들은 어류를 양식하는 것만이 날로 늘어나는 남획을 막을 최선의 해결책이라고 생각한다. 사람들이 먹는 물고기를 양식장에서 대량으로 생산해 내면 남획도 막고 혼획 같은 문제도 발생하지 않는다는 것이다. 일리는 있지만, 이것도 문제가 없는 것은 아니다. 물고기를 대량으로 키우려면 무엇보다 막대한 사료가 필요하기 때문이다. 지금까지는 주로 생선 찌꺼기를 갈아서 만든 자잘한 알갱이 형태의 펠릿을 사료로 사용해 왔는데, 모든 양식장에 공급할 사료를 생산하려면 바다에서 3000만 톤 이상의 물고기를 잡아 와야 한다. 대충 계산해도 1킬로그램의 연어를 키우려면 먼 해역에서 다른 물고기를 4킬로그램이나 잡아 와야 한다는 말이다. 물고기로 물고기를 먹이는 꼴이다.

그 밖에도 좁은 공간 안에 물고기를 가두어 놓고 키우려면 문제가 한두 가지가 아니다. 예를 들어 연어 20만 마리를 키우는 양식장에서는 웬만한 중소 도시에서 나오는 것과 비슷한 양의 배설물이 날마다 쏟아져 나온다. 그 때문에 수질이 나빠지고 전염병과 질병의 위험이 커진다. 그래서 많은 양식장에서는 물고기들에게 항생제를 비롯해서 여러 약품을 투여하게 된다. 그런데 이럴 경우 물고기의 몸속에 남은 항생제 때문에 사람의 건강에 이상이 생길 수도 있다는 우려가 제기되었다. 그래서 유럽연합은 1997년 인도에서 항생제를 먹여 키운 새우의 수입을 몇 주 동안 금지했고, 그로써 어류 양식 방법에 변화를 이끌어 냈다.

특히 문제가 되는 것은 양식으로 일어나는 또 다른 환경 파괴이다. 예를 들어 열대우림의 해안 지대에 조성된 맹그로브 자연림이 새우 양식장으로 변하고 있다. 수많은 물고기들이 부화하는 장소이고, 폭풍 해일을 막아 주는 방파제이고, 원주민들에게는 중요한 생활 기반이기도 한 그런 숲이 양식장을 만드느라 잘려 나가는 것이다. 더구나 새우 양식장은 일정 기간이 지나면 바로 문을 닫아 버리는 경우가 많다. 그리되면 남는 것은 인간의 탐욕으로 망가질 대로 망가진 자연뿐이다. 달면 삼키고 쓰면 뱉으면 그만이라는 듯이.

갯벌까지 모습이 달라진 바다　독일 북부의 바덴 해[17]는 드넓은 갯벌을 배경으로 자연 풍광이 뛰어난 휴양지이다. 그런데 지금은 예전에 비해 모습이 많이 바뀌었다. 몇백 년 전 엄청난 굴 군락지와 수중 초원, 모래 산호초가 펼쳐져 있던 곳에 지금은 진흙과 벌레들만 남아 있을 뿐이다. 또 예전에는 얕은 해안선을 따라 여러 종류의 고래들이 우글거리기도 했다. 물론 갯벌의 겉모습은 옛날과 크게 달라 보이지 않는다. 그러나 조금만 깊이 들여다보면 생물의 다양성이 형편없이 쪼그라든 것을 알 수 있다.

바다나 호수, 하천, 저수지에 만든 양식장이 인류의 식량 확보에 도움이 될 수 있다. 그러나 전제가 있다. 양식장을 환경 친화적으로 관리하고, 사료의 일부를 머리와 꼬리 같은 생선 폐기물을 빻은 가루나 식물성으로 교체할 때에나 그렇다는 말이다.

많은 사람들이 이제는 좀 더 먼 바다에 양식장을 설치하자고 주장한다. 넓고 깊은 물속에 양식장을 설치해서 물고기들에게 좀 더 자연스러운 생활환경을 만들어 주자는 것이다. 그러나 바닷가에서 멀리 떨어진 바다에 양식장을 설치하는 기술은 아직 충분히 발달하지 못했고, 해양 생태계에 미치는 영향도 제대로 분석되지 못했다. 또한 폭풍이 많이 치는 지역은 양식장이 들어서기에 적합하지 않다. 바람과 파도로 양식장이 쉽게 파괴되기 때문이다.

양식장의 미래는 오히려 내륙 쪽에 있다. 친환경 농업을 모범 삼아, 환경에 부담을 주지 않으면서 소비자들이 안심하고 양식 어류를 사 먹을 수 있는 친환경 어업을 발전시켜야 할 것이다.

해상 기름 유출과 또 다른 재앙

1989년 3월 23일, 유조선 '엑손 발데즈호'는 알래스카에서 캘리포니아로 항해를 하는 중이었다. 길이가 300미터나 되는 이 거대한 유조선에는 16만 3000톤의 원유가 실려 있었다. 출항 직후 이 배의 선장은 빙산을 피하기 위해 정상 항로에서 잠시 이탈할 것을 지시했다. 그러고는 일등항해사에게 지휘를 맡기고 잠자리에 들었다.

왜 그랬는지 모르지만 유조선은 원래 항로로 돌아가지 못했고, 그와 함께 사고가 일어났다. 자정 직후 알래스카 남부의 프린스 윌리엄스 해협에서 암초에 부딪히면서 4만여 톤의 기름이 유출된 것이다. 폭풍이 일면서 기름띠는 70킬로미터 이상 멀리 퍼졌고, 2000킬로미터에 이르는 해안 일대가 심각하게 오염되었다. 조사에 따르면 이 사고로 바닷새 25만 마리와 해달 수천 마리, 물개 300마리, 범고래 22마리가 목숨을 잃었다고 한다.

사고가 일어난 지 20년이 지났지만 지금도 일부 해안에서 기름 찌꺼기가 발견되고 있다. 이 사고로 주민들도 심각한 피해를 보았다. 바다를 터전으로 살던 지역의 경제가 몇 년간 회복하기 어려울 정도로 붕괴되었기 때문이다.

2002년에는 유럽에서도 비슷한 사고가 일어났다. 유조선 ‘프리스티지호’가 에스파냐 해안에서 난파되면서 7만 톤의 중유가 대서양으로 유출된 것이다. 이 사고로 에스파냐 역사상 최악의 환경 재앙이 발생했다. 알래스카의 경우에서처럼 어업이 무너지고, 많은 가정이 파탄 나고, 바닷새 수만 마리가 떼죽음을 당했다.

물고기 남획과 기름 유출만 바다의 건강을 위협하는 요소가 아니다. 거대한 기름띠를 통해 바다에 퍼지는 유해 물질의 양은 각 가정에서 내보내는 생활하수, 공장과 산업 시설에서 쏟아 내는 폐수, 광산에서 버려지는 잔해, 그리고 농업용 비료와 살충제의 양에 대면 새 발의 피일 뿐이다. 개발도상국에서는 지금도 하수의 90퍼센트가 정화되지 않은 채 강과 호수, 바다로 흘러 들어가고 있다.

쓰레기장으로 변한 바다

북해의 바닷가는 해마다 엄청난 문명의 쓰레기들로 넘쳐난다. 비닐봉지와 음료수병, 튜브, 각종 용기, 종이컵 따위가 해안 곳곳에 널브러져 있다. 세계자연보전연맹에 따르면 바다 1제곱킬로미터당 3만여 개의 플라스틱 제품이 떠 있다고 한다. 해양 생물들은 바다 위를 떠다니는 이 쓰레기들을 먹이로 착각하고 삼켰다가 목숨을 잃기도 한다.

비료를 지나치게 많이 사용하는 것도 바다의 건강을 해치는 원인이 된다. 비료는 빗줄기에 쓸려 강으로 내려갔다가 결국 바다로 흘러 들어가기 때문이다. 해조류는 이런 비료를 양분으로 섭취해서 대량으로 늘어나고, 그 결과 바다 속에 산소는 줄고 세균과 곰팡이류만 증가한다. 이것은 해양 생물에게 치명적인 일이다. 극단적인 경우에는 산소로 살아가는 모든 생물이 죽을 수도 있다. 특히 엄청난 양의 하수가 유입되는 큰 강의 하구에는 때때로 어떤 생명도 살지 못하는 '죽음의 지대'가 생겨나기도 한다. 이러한 오염의 주된 책임은 무엇보다 농업에 있다. 그러므로 그런 농산물을 소비하는 우리 모두도 간접적으로 그 책임에서 벗어날 수 없다. 그 밖에 화학 산업계에서도 엄청난 양의 쓰레기가 바다로 흘러 들어가고 있다.

인간은 너무 오랫동안 바다를 함부로 다루어 왔다. 미래에 대해 한 번도 심각하게 고민해 보지 않은 채 어류를 싹쓸이하고, 자원을 캐기 위해 해저에 구멍을 뚫고, 쓰레기를 버리고, 하수와 폐수를 내려 보내고, 바다를 놀이터로 만들었다. 100년 전만 해도 바다는 완전히 달랐다. 캐나다의 어떤 연구자에 따르면, 그때는 자신의 고향인 펀디 만 바로 앞바다에 바다표범과 대서양 대구가 살았다고 한다. 또 몇 해리만 나가면 돌고래와 상

어, 범고래도 볼 수 있었다. 그런
데 오늘날에는 해초만 무성하다.
문제는 그곳만 그런 것이 아니라
는 것이다.

제로 이용 지대

싹쓸이 어업이 세계의 식량 안전과 해양 생태계에
커다란 악영향을 주기 때문에 학자들은 한목소리
로 그런 약탈 행위를 막을 것을 요구하고 있다. 먼
저 어선들을 더욱 엄격하게 통제하는 방법을 생각
할 수 있다. 이것은 최첨단 위성 장비로 비교적 쉽게
실시할 수 있는 방법이지만, 어획에 참가하는 모든 나라가 협력해야 하는
데 지금까지는 그와 관련한 국제 협력이 원활하게 이루어지지 않고 있다.
그리고 의도하지 않은 물고기까지 잡아 올리는 혼획을 막기 위해서는 좀
더 정밀한 기술을 개발해야 한다.

　그러나 바다의 황폐화를 막기 위해 해양 생물학자들이 최선으로 꼽는
방책은 무엇보다 고기잡이를 완전히 금지하는 '제로 이용 지대'를 지정하
는 것이다. 현재 고기잡이를 금지하고 엄격하게 보호하는 지역은 세계 대
양의 1퍼센트도 되지 않는다. 어떤 전문가는 이 비율을 10퍼센트로, 어떤
전문가는 적어도 20퍼센트까지 올려야 한다고 주장한다. 어찌 됐건 어류
의 전체 개체 수가 회복되려면 집중 어로 지역과 '바다 보호 구역'을 번갈
아 가며 지정해야 할 것이다. 육지의 자연 휴식년제처럼 말이다.

　이런 보호 구역 제도가 얼마나 효과적인지는 미국 뉴잉글랜드의 예에

서 알 수 있다. 10년 전 미국 당국은 동부 해안 앞바다의 조지 뱅크 일부를 해양 보호 구역으로 선포했다. 이곳은 한때 전 세계적으로 물고기가 가장 많았던 곳이다. 양동이로 대구를 퍼 담았다니 어느 정도였는지 짐작이 갈 것이다. 그러나 시간이 지날수록 어획량은 점점 줄어들었고, 나중에는 대구와 넙치를 비롯해 몇몇 어종이 멸종될 위기에 놓이게 되었다. 상황이 여기에 이르자 결국 당국자들이 나서서 이 지역을 보호 구역으로 지정하고 상업적인 어로를 금지했다. 10년이 지난 지금, 그 결과는 뚜렷하다. 보호 구역 안에는 주변 지역보다 10배가 넘는 조개들이 살고, 물고기의 개체 수도 서서히 회복세를 보이고 있다.

바다에 휴식년제를 처방한 시도는 분명히 효과가 있었고, 다른 지역들에도 용기를 주고 있다. 앞으로는 청어나 북대서양 대구 같은 생선을 특정 어로 구역 안에서만 잡게 하는 방법도 생각해 볼 필요가 있다. 몇 년마다 다른 지역과 번갈아 가면서 말이다.

바다가 산성화되면

바다는 인간에게 귀중한 자원과 영양을 제공할 뿐 아니라 날씨와 기후에도 매우 중요한 역할을 한다. 예를 들어 석유와 석탄, 천연가스가 연소될 때 대기 중에 뿜어내는 이산화탄소의 3분의 1을 바다가 흡수함으로써 기후에 부담을 줄여 준다. 우리는 그 덕을 톡톡히 보고 있지만, 정작 바다는 그 때문에 신음하고 있다. 이산화탄소의 농도가 높아지면서 바다의 화학 성분이 바뀌고 있는 것이다. 이른바 바다의 산성화이다.

산의 증가가 끼치는 영향은 심각하다. 예컨대 산이 증가하면 바다 속에 석회를 형성시켜 민감한 고리로 연결되어 있는 해양 생태계에 변화를 일으킨다. 수많은 생물종이 서식하고 있어 '바다의 원시림' 또는 '물고기들의 산란장'으로 불리는 형형색색의 산호초가 죽는 것도 그 때문이다. 산호초가 죽으면 그렇지 않아도 빠듯한 해안 지역의 지하수가 소금물로 바

꾸는 것도 막을 수 없다.

바닷물도 강물처럼 쉴 새 없이 움직인다. 물살과 밀물, 썰물은 바닷물을 끊임없이 순환시키고 찬물과 더운물을 교환시킨다. 그런데 급격한 기후변화로 바다의 온도는 근심스러울 정도로 상승했고, 계속 상승하고 있다. 바다가 열병에 시달리고 있는 것이다. 더운물은 찬물보다 밀도가 낮아 부피가 크기 때문에 수온이 높아지면 바다의 수위도 덩달아 올라간다. 게다가 극지방의 빙하까지 녹아내리면 해수면 상승은 더욱 가속화될 것이다. 북극의 영구동토층이 녹는 것도 시간문제이다. 잦은 태풍과 홍수가 지금 우리가 맞고 있는 수온 상승의 뚜렷한 결과이다. 더구나 극지방의 빙하가 녹으면 또 다른 재앙이 기다리고 있다. 수만 년 넘게 얼음 밑에 갇혀 있던 메탄이 대기 중에 그대로 방출되면서 이산화탄소보다 몇 배는 더 강력한 온실효과가 나타날 것이기 때문이다.

그다음에 무슨 일이 일어날지는 상상하기 어렵지 않다. 해안선들이 사라지고, 몰디브처럼 작은 섬들은 바다 속으로 가라앉을 것이다. 지난 수백 년 동안 바다와 인접한 지역은 무역과 상업, 여행, 어업, 화물 수송에 편리하여 아주 인기가 높았다. 그래서 수많은 사람이 해안 근처로 모여들었고, 날이 갈수록 사람들이 늘고 있다. 그런데 현재 인구 밀집 지역 중 많은 지역이 벌써 해수면과 거의 높이가 같다. 이런 상황에서 바닷물이 범람한다면 방글라데시처럼 가난한 나라들은 속수무책으로 당하고만 있어야 할 것이다. 밀어닥치는 물을 막으려면 제방을 쌓아야 하는데, 그럴 돈이 없기 때문이다. 그래서 이런 나라에 사는 사람들은 새로운 고향을 찾아 나서는 '바다 피난민'이 될 수밖에 없다. 시한폭탄의 시계는 지금도 째깍거리며 가고 있다.

푸른 혁명

'과학 기술 시대의 철학자'라 일컬어지는 한스 요나스는 벌써 몇 년 전에 "바다가 인간을 위협하는 것보다 인간이 바다에 끼치는 위험이 더 크다."고 경고했다. 바다의 병은 확연히 드러나고, 객관적인 측정과 분석도 할 수 있다. 바다가 겪고 있는 혹독한 현실을 떠올리면 요나스의 경고가 옳았다는 것을 알 수 있다. 화학 물질과 중금속으로 오염된 폐수, 그리고 비료와 산화질소 때문에 물고기들이 떼죽음을 당하는 해안 지역이 점점 늘고 있다. 지구상에는 지금 미시시피 강 하구의 앞바다처럼 어떤 생명도 살지 않는 '죽음의 바다'가 벌써 150군데나 된다.

날로 병들어 가는 바다를 생각하면 지금부터라도 좀 더 정성스럽게 보살펴야 하지 않을까? 바다가 없으면 우리도 살아갈 수 없을 테니까 말이다. 그런데 사람들 사이에서는 바다의 보호와 이용을 두고 갈등이 끊이지 않는다. 바다의 자원을 이용하지 못하게 하는 것은 현실적으로 불가능하지만, 그렇다고 아무 보호 대책 없이 이용만 하게 할 수는 없다. 갈등을 지혜롭게 풀 새로운 방안이 필요하다.

예컨대 북해에는 해저 케이블 장비와 석유 시추 플랫폼, 선박들의 항로, 해양 풍력 발전 파크, 모래 채굴장, 군사훈련 구역이 다닥다닥 붙어 있다. 사람들은 이러한 시설을 되돌릴 수도 없고, 되돌리려고 하지도 않는다. 그렇다면 최소한 그런 구역들 사이나 옆, 뒤를 돌아 가면서 보호 구역을 지정하는 것도 하나의 방법이다. 그래야만 해양 생물은 인간의 손길이 미치지 않는 곳에서 개체 수를 회복할 수 있을 것이다. 그 밖에 어획량을 줄이고 어로 방법을 바꾸어야 하며, 비료 사용과 이산화탄소 배출은 줄이는 반면에 정화 시설은 최대한 늘려야 한다.

전문가들은 현재 우리에게 필요한 변화를 '푸른 혁명'이라는 한마디 말로 요약했다. '바다'라는 환자가 언젠가 건강을 되찾아 퇴원할 그날까지 인간은 사고와 생활습관을 완전히 바꾸어 해양 생태계를 지켜 나가야 한다는 것이다.

버리는 습관을 버리자

우리는 얼마나 많은 것들을 버리고 살까? 옷, 책, 전자 제품, 살림
도구 등 그 목록을 대자면 끝이 없다. 이런 물건들을 수리해서
다시 쓸 수는 없을까? 안타깝게도 시계와 라디오, 냉장고, 컴퓨터
같은 수많은 전자 제품들은 더 이상 수리해 가면서 쓰도록
만들어지지 않는다. 신발에 구멍이 나도 우리는 이제 신발
수선공을 찾지 않는다. 수선비가 비싼 데다가 수선공을 찾기도
힘들다. 그래서 더 이상 사용하기 어렵거나 고칠 수 없는 물건을
다시 사용하거나 다르게 사용함으로써 쓰레기 취급을 받는 물건에
새로운 숨결을 불어넣어 주는 것이 필요하다. 원칙은 이것이다.
'줄이고 재사용하고 재활용하자!' 그런데 가난한 나라에서는
재활용이 비공식적인 지하경제의 일부인 경우가 많다. 예를 들어
인도의 뭄바이나 방글라데시의 다카에서는 많은 사람들이 산더미
같은 쓰레기를 뒤져 종이와 고철, 뼈, 목재같이 한 푼이라도 돈이
되는 것들은 모두 골라낸다. 그들은 이렇게 쓰레기로 먹고살지만,
그와 함께 건강은 엉망이 된다. 이런 대도시들의 모습 속에 이미
인간의 미래상이 담겨 있다. 세계 인구가 늘어날수록 쓰레기산은
점점 높아지는 것이다. 어떻게 해야 할까? 과연 그대로 두어도
괜찮을까?

잘 만든 범죄 영화를 보면 꼭 어느 시점에선가 노련한 형사가 쓰레기통을 뒤지는 장면이 나온다. 중요한 단서나 범행과 관련된 물건을 찾기 위해서이다. 이것은 범인의 흔적을 찾는 형사의 오랜 경험과 직감에서 비롯된 것인데, 사람들은 대개 아무도 신경 쓰지 않는 곳(예를 들면 쓰레기통)에 가장 뚜렷한 흔적을 남기는 습성이 있다. 그래서 사용하는 쓰레기통을 보면 그 사람의 습관과 결점을 잘 알 수 있다. 예를 들어 쓰레기통에 피자 포장지가 많으면 스트레스에 찌든 바쁜 직장인의 모습이, 시사 주간지가 있으면 정보에 밝고 정치에 관심이 많은 시민의 모습이, 일회용 주사기가 있으면 당뇨병 환자나 마약 중독자의 모습이 자연스레 그려진다.

쓰레기는 언제나 있어 왔다. 인간이 살았던 곳이라면 언제나 귀찮아진 물건들이 남겨졌다. 그런데 오랜 옛날에는 이런 쓰레기가 눈에 잘 띄지 않았다. 사람들의 수도 많지 않은 데다가 대부분 끊임없이 이동하는 유목민이었기 때문이다. 쓰레기는 인구가 늘고 사람들이 한곳에 모여 살면서부터 문제가 되기 시작했다. 이제 쓰레기는 다른 곳으로 치워져야 했다. 그냥 내버려 두면 악취가 나고 물과 토양이 오염되기 때문이다. 그래서 최초로 쓰레기산이 탄생했다. 내다 버릴 장소가 부족해서 쓰레기를 그냥 층층이 쌓아 올린 것이다. 나중에 사람들은 이 쓰레기더미 위에 다시 집을 지었다.

고고학자들은 과거의 쓰레기더미에서 인간의 생활방식을 좀 더 정밀하게 추론해 낸다. 터키와 중동 지역에는 고고학자들이 '텔'(Tell)이라 일컫는 이러한 '언덕 취락 지구'의 잔해가 많이 남아 있다. 그중에서 가장 유명한 것이 고대 트로이(B.C. 3000~A.D. 500) 지역이다. 트로이 발굴 작업에서는 역사적으로 각각 다른 취락 지구가 아홉 층이나 발견되었다. 고고학자들은 오늘날의 뉴욕에서도 맨해튼의 거리 지평선이 350년 전보다 2미터 가까이 높아진 것을 밝혀냈다. 그렇다면 뉴욕도 건축 폐기물과 쓰레기더미 위에 세워져 있다는 뜻이다. 그도 그럴 것이 미국에서 쓰레기 처리 작업이 체계적으로 이루어진 것은 19세기 말부터이니까 말이다.

우리가 버리는 쓰레기

오늘날에는 쓰레기더미 위에 주거지를 조성하는 일은 거의 없다. 쓰레기는 매립장에 묻거나 태워 버린다. 그래도 여전히 엄청난 양의 쓰레기가 남는다. 한국은 국민 1인당 1년 동안 버리는 생활 쓰레기가 384킬로그램이다. 곧, 하루에 약 1킬로그램인 것이다. 이게 다가 아니다. 생활 쓰레기 말고도 건축 폐기물, 상업 쓰레기, 도로 공사장에서 나오는 잔해, 그 밖에 모든 쓰레기를 합치면 우리나라에서 발생하는 쓰레기는 1억 톤이 넘는다(2005년 기준). 하루에 29만 톤씩 쌓여 가는 것이다. 상상이 안 될 정도로 어마어마한 양이다. 위안이 되는 것은 몇 년 전부터 쓰레기 배출량이 점차 줄고 있다는 사실이다. 하지만 전체적으로 보면 인간이 불필요하다고 생각하고 버리는 물건은 계속 늘고 있다.

우리가 버리는 쓰레기 속에는 계속 사용할 수 있는 물질이 꽤 많이 섞여 있다. 현재 우리나라는 비닐이나 병, 종이 등의 쓰레기를 분리 배출하는 것을 의무로 규정하고 있다. 종이는 신문으로, 유리는 병으로, 음식물 쓰레기는 비료로 사용되고, 금속 같은 물질은 녹여서 다른 물건으로 재탄생된다. 헤어드라이어나 휴대폰, 다리미도 일반 쓰레기와 같이 버려서는 안 된다. 오래된 가구와 가전제품은 정부에서 정한 규칙에 따라 지정된 장소에 내놓아야 한다. 이런 규정은 정부의 일방적인 결정이 아니라 우리 모두에게 유익한 조처로 생각해야 한다. 폐가전제품에는 구리나 알루미늄처럼 함부로 버려서는 안 될 소중한 자원이 남아 있기 때문이다. 따라서 이런 폐기물들은 재활용 센터나 유해 물질 처리장으로 보내야 한다. 납이나 수은 같은 중금속도 그런 곳에서 처리하는 것이 가장 안전하다.

일반 생활 쓰레기가 아닌 것을 쓰레기봉투에 쑤셔 넣거나 화장실에 쏟아 버리면 안 된다. 물감과 래커, 매니큐어 제거제, 건전지, 충전기, 형광등, 약 따위가 그런 것들이다. 이런 폐기물은 반드시 특정 분리수거함에 넣고, 유효기간이 지난 약은 약국에 갖다 준다. 그래야만 유해 물질 때문에 환경오염이 일어나지 않을 뿐 아니라 일반 쓰레기의 양이 줄고 자원의 순환도 이루어진다.

과학 기술의 발달이 이러한 자원 순환 과정에 큰 도움이 된다. 그래서 언젠가는 분리수거함이 필요하지 않은 날이 올지도 모른다. 쓰레기 처리장에서 분류를 담당하는 기계는 기술적으로 점점 정교해지고, 작업량도 지속적으로 늘어나고 있다. 적외선 감지기는 플라스틱을 걸러 내고, 자석은 금속을 낚아챈다. 철과 구리 같은 원료들의 세계적인 수요를 감안하면

우주 쓰레기 인간은 지구도 모자라 우주 공간에까지 점점 더 많은 쓰레기를 버리고 있다. 미국항공우주국(NASA)의 조사에 따르면 지구 주위를 도는 로켓 부품만 해도 1300여 개에 이른다고 한다. 게다가 우주 상공에는 수천 개의 인공위성과 기상 관측 장비, 우주정거장이 늘어서 있는데, 그중에서 지구 통제소의 명령에 따라 움직이는 것은 겨우 4분의 1이고, 나머지는 모두 수명을 다한 우주 쓰레기이다. 점점 늘어나는 이런 쓰레기들은 단순히 우주비행사에게만 위험한 것이 아니다. 이것들은 순식간에 치명적인 폭탄으로 돌변해서 지상에 떨어질 수도 있다. 그러니까 우리는 수천 개의 포탄을 머리에 이고 살아가는 셈이다. 이제는 우주 쓰레기를 수거할 방법을 찾아야 한다. 예를 들어 '공동묘지 궤도'를 따로 정해 놓고 다 쓴 위성들을 그곳으로 옮기는 것도 하나의 방법이다.

쓰레기 처리장은 꽤 유망한 사업이 될 듯하다. 앞으로 종이를 뺀 모든 폐기물이 한통에 수거되어 정교한 분류 기계와 재처리 시설을 거쳐 조금이라도 사용할 수 있는 것들은 모두 걸러질 것이다. 나머지 사용할 수 없는 것들은 불에 타는 작은 알갱이로 만들어서 에너지원으로 사용하거나 바이오가스로 이용하도록 한다.

이런 식으로 쓰레기를 처리한다면 남는 쓰레기는 거의 없게 된다. 그렇게 될 날이 멀지 않았다고 믿는다. 그러면 '쓰레기'라는 말이 사전에서 완전히 사라질 수도 있을 것이다. 자연에는 어차피 '쓰레기'라는 것이 없으니까. 섬세하게 잘 조율된 자연의 순환 과정 속에서는 모든 것이 재활용된다. 인간은 그런 자연의 원리를 깨우쳐야 한다.

쓰레기 처리

생활 쓰레기를 더 이상 매립하지 않고 순환 경제적으로 처리함으로써 자연을 따르려는 노력이 계속되고 있다. 물론 아직도 턱없이 부족하지만 말이다. 어쨌든 물질적으로 재활용되지 못하는 쓰레기는 불태워져서 에너지 생산에 이용된다. 즉, 에너지로 재활용되는 것이다.

쓰레기는 엄격한 규정에 따라 처리되고 있다. 하지만 예전부터 그랬던 것은 아니다. 동네마다 쓰레기를 구덩이나 숲 가장자리 공터에 내다 버리는 일이 매우 많았다. 그러다가 이런 마구잡이 투기가 금지되었고 여러 지역에서 배출되는 쓰레기를 대규모 하치장에 모아 처리했다. 이것은 확실히 발전한 방식이지만, 충분하지는 않았다. 얼마 뒤 쓰레기를 산처럼 쌓아 놓은 그런 하치장도 안전하지 못하다는 것이 드러났기 때문이다. 비가 오면 여러 유해 물질이 땅으로 스며들어 지하수를 오염시킨 것이다. 오늘날 현대적인 쓰레기 처리장에서는 특수 방수포 같은 것들로 오염 물질이 새지 않도록 막는 데 많은 비용을 들인다. 그렇게 모인 오수는 정화 시설로 보낸다.

쓰레기 처리장에서 쓰레기를 소각할 때 발생하는 가스에 대해서도 사람들은 오랫동안 무덤덤했다. 그래서 기후와 건강에 좋지 않은 유독 가스가 특별한 조치 없이 그대로 대기 중에 방출되었다. 최근에야 이 가스를 에너지로 활용하는 기술이 개발되어 곳곳에서 본격적으로 실시되고 있다.

쓰레기 하치장이 꽉 차면 위를 흙으로 막아서 모양을 갖춘 뒤 그 위에 풀과 나무를 심는다. 그

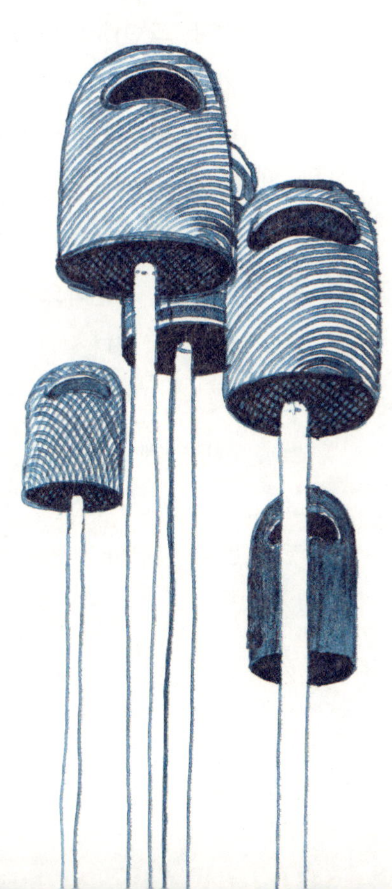

렇게 몇 년이 지나면 웬만한 사람은 그 밑에 쓰레기가 있다는 사실을 알지 못한다. 가령 독일의 뮌헨 근교나 서울 상암동에 있는 아름다운 둥근 언덕들은 과거에 쓰레기 하치장이었던 곳이다. 하지만 오래된 쓰레기 언덕의 경우는 아름다운 풍경을 갖추고 있음에도 언제나 유해 물질이 흘러나올 위험이 도사리고 있다.

1980년대부터 선진 공업국에서는 점점 많은 쓰레기 소각장이 설립되었다. 그런데 이렇게 소각해도 마지막에 따로 분리해서 폐기해야 할 찌꺼기가 남는다. 또한 특수 폐기물의 처리도 문제이다. 예를 들어 병원에서 나오는 쓰레기는 병원균이 포함되어 있을 수도 있으므로 일반 쓰레기와 함께 버려서는 안 된다. 화학 물질도 소각하고 남은 찌꺼기와 마찬가지로 일반 처리장보다 더 안전한 특수 폐기물 처리장으로 보내진다. 이런 물질은 미리 기술적으로 제대로 처리하지 않으면 환경과 인간에 심각한 위협이 될 수 있다.

수명이 아주 긴 물질은 지하 매립장으로 보낸다. 이런 매립장도 미래 세대에게는 위험할 수 있다. 땅은 살아 움직이면서 위치를 바꾸기 때문이다. 그래서 암염 광층[18]이나 동굴에 고위험 폐기물을 보관하는 것이 길게 보아 안전한 것인지를 두고 전문가들 사이에서도 논란이 많다.

유독성 폐기물의 수출

우리는 특수 폐기물로 분류되는 화학 잔존물과 오염된 침전물, 폐유, 농약 같은 것과는 되도록 멀리 떨어져 있고 싶어 한다. 그래서 특수 폐기물 처리장 설치에 관한 문제가 불거지면 주민들은 하나같이 그런 시설이 자기 동네에 들어서는 것을 반대한다. 이른바 님비[19] 현상이다. 더구나 특수 폐기물을 엄격한 규정에 따라 전문적으로 관리하고 처리하는 데에도 많은 비용이 들어간다. 그래서 처리하기 곤란하고 불편하기 짝이 없는 폐기물들을 쓰레기 처리법이 그다지 엄격하지 않은 남동 유럽이나 제3세계로 수출하는 경우가 자주 발생한다.

1989년에 체결되어 현재 168개국이 가입한 바젤 협약은 선진국에서 그런 유독성 폐기물을 개발도상국으로 수출하는 것을 금지하고 있다. 그러나 특수 폐기물을 친환경적으로 처리하는 데 들어가는 엄청난 비용을 아끼기 위해 몇몇 비양심적인 사람들은 여전히 위험을 무릅쓰면서까지 불법 거래를 저지르고 있다.

오늘날까지 얼마나 많은 유독성 폐기물이 그런 식으로 수출되었는지는 정확히 알 수 없다. 다만 유엔의 발표에 따르면, 지난 40년간 아주 오래된 농약과 살충제가 5만 톤 이상 아프리카로 보내진 것으로 추정된다. 이 폐기물들은 장기간에 걸쳐 큰 재앙을 가져올 수 있다. 농약과 살충제는 사람과 땅을 병들게 하기 때문이다. 눈이 따갑고 기침이 나는 정도는 그나마 가벼운 증상이다. 살충제는 제대로 다

루고 보관하지 않으면 고열과 졸도, 현기증, 구토, 천식, 만성 설사, 빈혈 같은 증상을 일으키고, 심지어 암까지 유발할 수 있다. 개발도상국 주민들은 가난 때문에, 그리고 그런 위험이 있다는 것은 들어 본 적도 없기 때문에 완전 무방비 상태로 위험에 노출되어 있다.

1992년, 환경보호 단체 그린피스 회원들은 과거에 루마니아의 지벤뷔르겐으로 보내진 오래된 살충제 465톤의 행방을 찾아내고 자신들의 눈을 믿지 못했다. 유독성 폐기물인 살충제가 안전 조치도 없이 위험천만한 통과 광주리, 또는 종이 봉지나 녹슨 용기에 들어 있었던 것이다. 게다가 살충제 중 일부는 벌써 지하수로 흘러 들어가고 있었다. 이처럼 범죄나 다름없는 불법 폐기물 처리 문제를 해결하기 위해 결국 독일 정부가 나섰다. 많은 돈을 들여 폐기물을 수거한 뒤 독일로 가져와서 환경과 건강에 피해가 가지 않도록 처리한 것이다.

유독성 폐기물 수출은 국제 협약에 따라 금지되었지만, 지금까지 모든 나라와 모든 사업자가 잘 지키고 있는 것은 아니다. 여전히 몰래몰래 불법 폐기물 거래가 이루어지고 있다. 이렇게 금지된 폐기물은 '재활용품'이라는 이름표를 달고 수출되기도 하는데, 그린피스의 보고에 따르면 2005년 유럽 18개 항구에서 실시된 검사 결과 수출 폐기물의 반가량이 불법이었다고 한다.

2004년 잔류성 유기 오염 물질(POPs)을 금지하는 스톡홀름 협약이 체결되었다. 잔류성 유기 오염 물질은 독성이 강한 잔류성 화학 물질로, 공기와 바다를 통해 전 세계로 퍼질 수 있다. 디디티(DDT) 같은 살충제가 한 예이다. 이 오염 물질은 삶의 터전을 파괴하고, 동식물의 체내에 축적되고, 먹이사슬을 통해 인간에게도 해를 끼칠 수 있다. 여러 나라에서 잔류성 유기 오염 물질의 사용을 금지하고 있지만, 여전히 사용을 허락하는 나라들도 많다. 스톡홀름 협약에서는 주요 12개 잔류성 유기 오염 물질을 금지하고 있다. 그러나 지금까지 전 세계 국가 중 3분의 1이 협약에 가입하지 않아서 가장 위험한 유해 물질조차 지상에서 효과적으로 추방하는 일은 아득하기만 하다.[20]

2004년 유럽연합의 장관 14명이 자연보호 단체인 세계야생생물기금과 손을 잡고 이례적인 테스트를 받겠다는 성명을 냈다. 화학 물질이 체내에 얼마나 오래 축적되고, 얼마나 강하게 작용하는지 확인하는 테스트였다. 혈액 검사 결과, 장관들 모두한테서 우려할 만한 화학 물질이 검출되었다. 실험 대상자 중 한 명은 43개 의심 물질이 검출되기도 했다. 과거에 불연성 소파와 프라이팬 코팅, 또는 유아용 젖병이나 깡통을 만드는 데 사용된 화학 물질들이었다. 이미 오래전에 금지되었던 살충제 찌꺼기도 발견되었다. 실험에 참가한 장관들은 검사 결과에 충격을 받았다. 이들이 이럴진대, 환경법이 엄격하게 시행되지 않는 나라에 사는 사람들은 얼마나 더 큰 위험 속에서 살아가고 있을까?

쓰레기가 생계 수단인 사람들

부에노스아이레스에는 '시루하스'(cirujas)라는 직업이 있다. 병원의 외과를 뜻하는 단어(chirurgie)에서 유래한 말이다. 시루하스는, 의사가 수술 도구로 환자의 배 속을 여기저기 헤집듯 쇠막대로 쓰레기 자루 안을 뒤져 다시 사용할 수 있는 물건들을 끄집어낸다. 이런 넝마주이로 생계를 이어 가는 사람이 수천 명에 이른다고 한다. 부에노스아이레스에서 배출되는 쓰레기의 10퍼센트가 이렇게 물질의 순환 경제 속으로 들어가는 것으로 보인다.

이런 식의 쓰레기 재활용은 거의 모든 대도시에서 볼 수 있다. 뉴욕이나 베를린 같은 도시에서도 부랑자뿐 아니라 가난한 사람들이 쓰레기통을 뒤진다. 빈 병이나 신문지같이 돈 되는 것들을 찾아내서 팔기 위해서이다.

제3세계 대도시 대부분은 구석구석에 쌓인 모든 쓰레기를 체계적으로 수거해서 처리하는 시스템이 제대로 갖추어져 있지 않다. 그러니 분리수거는 말할 필요도 없다. 그래서 쓰레기통마다 쓰레기가 넘치고, 깡통과 빈병, 종이, 담배꽁초, 낡은 비닐봉지, 음식물 찌꺼기가 거리 곳곳에 널브러져 있다. 그런데 이런 쓰레기들을 가까이 하는 사람들이 있다. 쓰레기를 좋아해서가 아니라 그 속에 온 가족의 생계를 책임져 줄 쓸 만한 물건들이 있기 때문이다. 필리핀의 수도 마닐라 외곽의 '스모키 마운틴'에서도 수천 명이 모락모락 연기가 피어오르는 쓰레기더미를 부지런히 파헤친다. 그들은 거기서 찾아낸 빈 병, 금속, 종이, 그리고 돈 될 만한 다른 물건들을 고물상에 넘겨 푼돈을 번다. 그런 생활이 건강을 해칠 수 있다는 사실은 하루하루 사는 것을 걱정해야 하는 사람들에게는 사치일 뿐이다.

이런 빈민촌에는 쓰레기 수거차도 없고 위생 시설도 없다. 전기가 있다면 불법으로 끌어다 쓰는 것이고, 깨끗한 물이 있다면 예외적인 경우이다. 이런 지역에서는 콜레라 같은 질병이 쉽게 퍼진다. 비가 오면 배설물뿐 아니라 방치된 쓰레기에서 나오는 유해 물질이 땅으로 스며들어 사람들이 마시는 지하수로 흘러 들어가기 때문이다. 콜레라는 퍽 위험한 세균성 전염병으로 설사와 구토, 탈수를 일으키는데, 식수 오염이 심각한 빈민촌이나 난민촌에서 자주 발생한다.

쓰레기 천국 "잠비아의 대부분 도시들에서는 아침에 창문을 열고 신선한 공기를 마시는 것은 위험한 일이다. 방독면을 쓰고 있다면 모를까. 눈앞의 풍경도 좋지 않지만 냄새는 더 고약하다. 쓰레기 때문이다. 쓰레기는 곳곳에 널려 있다. 아주 잘사는 동네만 빼고 말이다. 집과 거리, 학교, 공원, 일터 등 쓰레기가 없는 곳이 없다. 아이들은 쓰레기를 갖고 놀고, 쓸 만한 장난감도 거기서 찾아낸다. 동물들도 쓰레기더미를 파헤치고, 굶주린 사람들도 뭔가 먹을 게 없나 기웃거린다. 쓰레기가 제대로 수거되는 일은 한 번도 없다. 그저 자꾸 쌓여만 가면서 썩고 악취를 풍긴다. 사람들은 그런 쓰레기와 함께 살아야 한다. 정부에 이런 고충을 수없이 토로했지만, 돌아오는 대답은 한결같다. 쓰레기를 치우기 위한 돈과 장비가 없다는 것이다. 우기가 시작되면 이 쓰레기더미에서 병균이 생겨난다. 한 예로 콜레라를 들 수 있다. 이런 환경에서는 동물들도 살고 싶지 않은지, 철새조차 더는 우리 땅으로 날아오지 않는다." 이것은 잠비아에 사는 어떤 여성이 인터넷에 올린 글인데, 이 세상 수많은 빈민촌의 모습이 이와 같을 것이다.

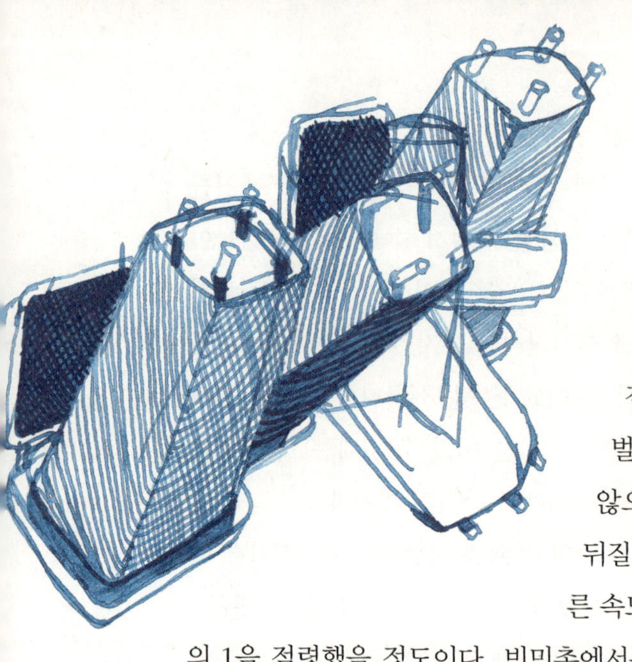

방글라데시의 수도 다카
에서는 지방에서 올라온 난민
들이 주로 부자 동네 옆에 모여
사는 경우가 많다. 잘사는 사람들
집에서 허드렛일이라도 하며 돈을
벌 수 있을 뿐 아니라, 그게 여의치
않으면 부자들이 버리는 쓰레기라도
뒤질 생각인 것이다. 이런 빈민촌은 빠
른 속도로 번지고 있다. 벌써 다카의 3분
의 1을 점령했을 정도이다. 빈민촌에서는 숨을 쉬기 어려울 만큼 악취가
진동한다. 악취가 일상이 되면 다른 감각들은 마비된다. 썩은 물과 쓰레기,
배설물, 파리 떼가 뒤섞인 모습은 인간이 살 수 없을 정도로 비참해 보인
다. 그럼에도 세계는 일곱 명 중 한 명이 이런 환경에서 살고 있다. 다카에
만 수백만 명이 있고, 전 세계적으로는 9억 명에 이른다.

도시화는 개발도상국, 특히 아시아에서 점점 더 큰 문제가 되고 있다.
이 추세대로라면 중국은 2030년에 국민의 60퍼센트가 급속도로 커지는 도
시에서 살게 될 것으로 보인다. 다카도 10년 안에 세계 5대 도시에 들 전
망이다. 이렇게 도시가 자꾸 비대해지면 여기에 사는 가난한 사람들은 쓰
레기와 오물을 뒤집어쓴 채 바득바득 살아가야 할 것이다. 연구가들은 다
카와 뭄바이, 라고스(나이지리아)처럼 인구 2000만 명 이상의 거대 도시를
'메타시티'라고 한다. 몇 년 전까지 거대 도시를 가리키던 '메가시티'로는
통제가 불가능할 정도로 비대해진 도시들을 제대로 표현할 수 없다고 판
단한 것이다. 이러한 '초비대' 도시들은 좁은 공간 속에 덴마크와 스웨덴,
노르웨이를 합친 것만큼이나 많은 사람들이 모여 사는 곳으로 변해 가고
있다.

점점 더 많은 사람들이 도시로 몰려든다. 지금은 둘 중 하나가 도시에 살지만, 21세기 중반에는 셋 중 둘이 그리될 전망이다. 아시아의 메타시티를 비롯해서 이스탄불 같은 다른 대도시들의 예에서 알 수 있듯이 도시의 비대화는 지구상의 지속가능한 발전에 결정적인 장애 요소가 되고 있다. 그러나 세계 인구가 계속 늘어나고, 그것도 도시에 인구가 집중되는 것을 고려하면, 경제 발전과 사회 평등, 환경보호를 서로 조화롭게 결합시키는 과제는 바로 이런 대도시들에서 성공을 거두어야 한다. 문제를 일으키는 곳도 도시이지만, 문제 해결의 효과가 가장 크게 나타나는 곳도 도시이기 때문이다. 대도시에서는 수많은 자동차와 교통 체증으로 대기 오염이 더 심하다. 또한 시골보다 더 많이 소비하고, 더 많은 쓰레기를 배출하고, 물도 많이 쓰고, 하수도 더 많이 발생한다. 따라서 도시를 어떻게 관리하고, 교통과 물, 쓰레기 문제를 어떻게 해결하느냐가 미래의 과제이다.

순환이 이루어져야 한다

어느 나라건 할 것 없이 이제는 되도록 빨리 순환·경제로 전환해야 한다. 자연에는 쓰레기가 없다. 모든 것이 생명의 순환 속으로 다시 돌아갈 뿐이다. 우리는 스스로 누리는 부와 풍요로 말미암아 오랫동안 커다란 실수를 깨닫지 못하고 있었다. 즉, 순환의 원리를 잊은 채 각 단계를 따로따로 떼어 놓고 생각했던 것이다. 우리는 생산과 포장, 판매, 소비만 생각했고, 각 분야에 다른 책임을 부여해 왔다. 하지만 이 연결 고리에는 가장 중요한 쓰레기 문제가 빠져 있었다.

예를 들어 수명이 다 된 자동차를 폐기할 경우 지금까지 그것은 생산자와 상관없는 문제였다. 생산자는 어떻게 하면 더 싸고 튼튼하고, 디자인과 기능이 탁월한 자동차를 만들 것인가만 연구해 왔고, 판매자는 그런 자동차를 어떻게 하면 더 많이 팔 것인가만 고민해 왔다. 그래서 생산자건 판매자건 자동차가 환경 친화적으로 쉽게 폐기되는지, 폐기 처분할 때 드는 비용이 저렴한지, 재활용률이 높은지 하는 문제에는 관심을 기울일 필요가 없었다. 그러나 '요람에서 무덤까지'라는 구호 아래 생산자가 상품의 전 생애, 즉 마지막 쓰레기까지 책임져야 한다고 법으로 정해 놓으면 생산자는 쓰레기 처리 비용을 처음부터 판매가에 포함시킬 것이고, 그와 함께 설계 단계에서부터 수명이 다한 뒤 쉽게 폐기할 수 있도록, 더 나아가 다른 식으로 활용할 수 있도록 상품을 만들려고 노력할 것이다. 다시 말해서 기업들 스스로 최대한 해체와 분류, 재활용이 쉬운 제품을 개발할 것이다.

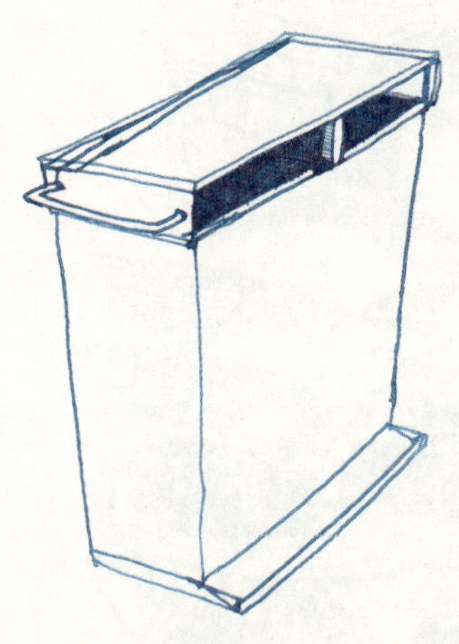

판매자에게도 똑같은 원칙이 적용된다. 만일 판매자가 의무적으로 포장재를 회수하여 재활용해야 한다면 그는 추가로 지불해야 할 비용이 생긴다. 그러면 판매자는

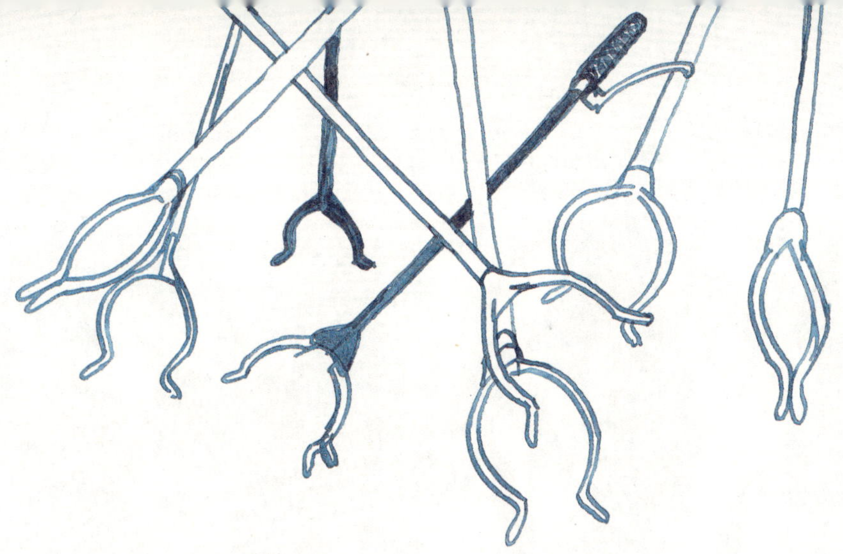

이 비용을 최대한 낮추기 위해 포장재를 개발하는 단계에서부터 '쓰레기 문제'에 초점을 맞추어 생각하고 계획할 것이다. 상품의 공급자와 생산자에게도 자신은 저렴한 비용으로 처분하고 재활용할 수 있는 포장재를 사용할 것이라는 점을 분명히 밝힐 것이다. 이처럼 판매자가 포장재의 폐기 처분에 책임을 지게 하면, 그로써 추가 비용이 발생했을 때 판매자는 앞으로 상품 포장에 랩을 사용할지, 비닐이나 얇은 금속을 사용할지, 아니면 마분지나 종이처럼 처분하고 재활용하기 좋은 재료를 선택할지 심사숙고할 것이다.

우리는 '한 번 쓰고 버리는' 소비 습관을 버리고, 순환 경제에 바탕을 두어 자신이 생산하고 소비하는 상품을 마지막까지 책임지는 습관을 길러야 한다. 독일에서는 1990년부터 이런 순환 시스템을 철저하게 관리하고 있어 세계적인 성공 모델로 꼽힌다. 60억 명이 넘게 사는 이 지구를 위해서, 특히 빈곤을 극복하기 위해 경제성장이 절실하게 필요한 개발도상국을 위해서 한 번 쓰고 버리는 과소비 풍조를 없애야 한다. 자원과 에너지가 점점 바닥나고 있는 것을 생각하면 이러한 소비 행태는 경제적인 측면에서도 무책임한 낭비일 뿐이다.

미래의 징후들

기후변화? 몇 년 전만 해도 전문가들은 우리가 정말 기온 상승에
대비해야 하는지를 두고 열띤 논쟁을 벌였다. 그러나 이제
학자들의 의견은 하나로 모아졌다. 지구가 분명히 점점 더워지고
있다는 것이다. 그것도 예상보다 훨씬 빠른 속도로 말이다. 현재의
변화는 추운 시기와 더운 시기 사이의 주기적 변화를 뛰어넘는다.
지구의 역사에서 추위와 더위의 주기적 변화는 늘 있어 왔다.
그러나 지금 진행되고 있는 기후변화는 온실가스로 대기를
오염시키고, 그로써 지구 온난화를 가속화시키는 인간에게 그
책임이 있다. 기후변화는 결코 먼 미래에 대한 종말론적 예언이
아니라 벌써 진행되고 있는 사건이다. 우리는 기후변화의 여러
징후, 즉 유례없이 강한 회오리 바람과 범람하는 강, 그리고
이례적으로 따뜻한 겨울을 벌써부터 피부로 느끼고 있다. 이런
징후들을 보면 앞으로 우리에게 어떤 재앙이 닥칠지 충분히
예상할 수 있다. 우리는 당장 행동해야 한다. 하루라도 빨리
에너지 효율성과 재생 에너지 사용률을 크게 높여야 한다.
이산화탄소의 배출을 줄이는 것에 모든 방향을 맞춘 에너지
정책의 대전환이 이루어져야 한다.

빙하가 녹고 있다. 독일에서 가장 높은 추크슈피체 산(2962미터)의 만년설이 무더운 여름철에 무더기로 사라지고 있다. 빙하는 계속 녹아내려 해마다 조금씩 작아진다. 학자들은 15년에서 20년 사이에 추크슈피체 산을 비롯해서 바이에른의 다른 빙하들도 흔적 없이 사라질 것으로 추정한다. 사라지는 만년설과 함께 영원할 것 같았던 자연의 위대한 신화도 죽고, 고산 지대의 얼음이 녹는 원인이 자연스러운 날씨의 변덕일지 모른다는 희망도 사라진다.

줄어드는 빙하는 그동안 세계를 단단하게 붙잡아 두고 있던 기후에 무언가 심각한 변화가 생겼다는 것을 보여 주는 단적인 징조이다. 지난 수십 년 동안 알프스 산의 빙하 열 곳 가운데 아홉 곳이 벌써 반 이상으로 줄어들었다. 그로써 중부 유럽에서는 멋진 산악 풍경뿐 아니라 최대의 식수 저장고까지 사라졌다.

북쪽으로 수천 킬로미터 떨어진 북극에서도 똑같은 현상이 일어나고 있다. 유엔 산하의 '기후변화에 관한 정부 간 협의체'에 따르면 여름에도 꽁꽁 얼어붙어 있던 북극해의 두꺼운 얼음층이 10년마다 7퍼센트 이상씩 줄어들고 있고, 이것이 점점 더 빠르게 진행되고 있다고 한다. 연구가들은 수십 년 뒤 북극해가 여름에는 얼지 않을 수도 있다고 생각한다. 북극, 특히 그린란드의 얼음층에 세계 연구자들의 우려 섞인 시선이 쏠리고 있다. 북극은 일종의 지구 온도

계이자 기후변화를 알리는 조기 경고
체제이기 때문이다.

더워지는 지구

기온이 상승하고 있다는 것은 의심할 바가 없다. 1901년에서 2005년 사이에 지구 표면은 0.7℃ 이상 뜨거워졌다. 100여 년 동안 1℃도 상승하지 않은 것을 두고 무슨 호들갑이냐고 말한다면, 그건 큰 착각이다. 지구 온난화는 지난 25년 사이 더욱 가속도가 붙었기 때문이다. 지난 12년 중에서 11년은 기상 관측을 시작한 이래 가장 무더운 해였다. 그 결과는 무척 암담하다.

우리는 그 여파를 벌써 느끼고 있다. 2003년 8월 폭염과 무더위가 유럽을 덮쳤고, 그 결과 2만 명가량이 목숨을 잃었다. 독일은 몇 주 동안 35℃가 넘는 불볕더위에 시달렸고, 남부 유럽은 그보다 더해 수은주가 40℃를 오르내렸다. 위력적인 태풍의 발생 빈도도 1970년대 이후 2배로 증가했으며, 파괴력도 한층 더 강해졌다. 뉴올리언스를 순식간에 물바다로 만들어 버린 태풍 카트리나는 그중 하나일 뿐이다. 그로부터 두 달도 채 지나지 않아 태풍 윌마가 멕시코의 유카탄 반도를 덮쳐 비슷한 불행을 안겨 주었다. 그런데 우리는 아직도 그것을 '자연 재앙'이라고 말한다. 인간이 스스로 재앙을 부른 측면이 훨씬 더 강한데 말이다.

유례없이 더운 겨울과 때 아닌 집중 호우, 짧아진 봄가을, 몇 주 동안 비 한 방울 내리지 않는 가뭄, 이런 이상 기후는 더 이상 예외가 아니라 세계 어디서든 볼 수 있다. 옛날에는 11월이면 사람들이 바바리코트 깃을 올리고 떨어지는 낙엽을 밟으며 가을의 정취에 푹 빠졌다. 그런데 지금은 11월에 첫눈이 내리기도 하고, 20°C가 넘는 더운 날씨가 이어지기도 한다.

세계의 다른 지역들은 더 심하게 몸살을 앓고 있다. 2006년 극심한 가뭄이 닥친 니카라과에서는 물 부족으로 발전소들이 전기를 충분히 생산하지 못하면서 에너지 위기까지 더해졌다. 당국은 몇 달 동안 각 가정에 전기를 제한적으로 공급했고, 그것이 결국 시위와 폭동을 불렀다.

그 밖에 태평양의 투발루나 인도양의 몰디브처럼 작은 섬나라들은 해수면 상승으로 골머리를 앓고 있다. 바닷가 섬 마을 중에는 벌써 모든 주민이 이주한 곳도 있다. 아프리카 대륙의 상징인 킬리만자로의 만년설도 벌써 80퍼센트 가까이 녹아내렸다. 앞으로 15년 뒤에는 나머지도 모두 녹아내릴 것이다. 세계에서 가장 높은 에베레스트 산과 히말라야 산맥의 빙하도 빠르게 사라지고 있다. 산속의 물 저장고에 해당하는 이 빙하들이 모두 녹으면 중국과 인도 아대륙 전체에 아주 심각한 영향을 끼칠 것이다.

기후변화의 한가운데

날씨가 일으키는 모든 변덕을 통틀어 기후변화라고 하지는 않는다. 그러기에는 날씨와 기후를 둘러싼 현상들이 너무 복잡하다. '날씨'와 '기후'[21]는 엄밀하게 구분되어야 한다. 폭풍이 불지, 눈이 내릴지, 비가 올지, 해가 비칠지 예고하는 것은 무척 어렵다. 날씨는 시시각각으로 변하기 때문이다. 반면에 중장기적인 기후는 다르다. 기후변화는 훨씬 느리게 진행되지만, 대신 좀 더 정확히 예측할 수 있다.

몇 년 전만 해도 기후변화가 실제로 일어날지, 그리고 일어난다면 어떤 파장을 불러일으킬지 의구심을 나타내는 전문가들이 많았다. 추운 시기와 더운 시기의 주기적 반복, 허리케인, 홍수, 가뭄은 과거에도 늘 있어 왔기 때문이다. 그래서 기후에 변화가 일어나는 것은 아주 정상적인 일로 여겨졌다. 지구는 수억 년 동안 언제나 새로운 기후 조건과 부딪쳤고, 거기에 적응해 왔다. 그런데 모든 학자들이 한목소리로 말하는 것은 오늘날엔 기후변화의 속도가 굉장히 빨라졌다는 것이다. 모두가 두려워하는 이유가 여기에 있다. 기후변화가 인간에 의해 일어났다는 주장에 이의를 다는 사람들도 있다. 그러나 대다수 학자들은 지구 온난화를 일으킨 주범이 인간이라는 주장에 동의한다.

석유와 석탄, 천연가스 같은 화석연료를 태우면 이산화탄소가 배출된다. 산업화 이후 인간은 전기를 쓰고, 자동차와 비행기를 타고, 상품을 생산해서 세계 여러 지역으로 수송한다. 그래서 화석연료의 사용량은 지속적으로 늘고, 그와 함께 이산화탄소의 배출량도 점점 많아지고 있다. 지구 둘레를 보호막처럼 감싸고 있는 대기권에는 인간과 동물의 생명에 꼭 필요한 산소 외에 이산화탄소와 메탄 같은 온실가스도 포함되어 있다. 이런 온실가스는 모두 합쳐서 1퍼센트도 되지 않지만, 이 정도로도 '자연적인 온실효과'를 내는 데는 충분하다. 사실 이런 자연적인 온실효과가 없으면 지구는 지금보다 30℃ 이상 기온이 떨어지고, 어떤 생명체도 살 수 없는 곳으로 변할지 모른다.

문제는 이런 자연적인 온실효과가 아니다. 온실가스가 갑자기 너무 늘어나서 대기권에 좀 더 두텁게 형성되면 지표면에 부딪힌 햇빛이 대기권 밖으로 나가지 못하고 다시 지표면으로 반사되어 필요 이상으로 지구를 달구는 것이 문제이다.

　　대기권에 도달하는 이산화탄소의 양이 많을수록 기온은 급격히 상승하고, 그로써 기후에도 심각한 영향을 끼친다. 산업화가 시작되기 전인 1750년 무렵 대기권의 이산화탄소 농도는 280ppm이었다. 현재의 농도는 379ppm이고, 그것도 해마다 2~3ppm씩 올라가고 있다. 지구가 더워지는 속도에 가장 큰 영향을 미치는 것은 우리의 생활방식이다. 이산화탄소 배출의 4분의 3이 인간이 사용하는 화석연료에서 발생하기 때문이다.

　　숲이 사라지는 것도 이산화탄소의 증가에 영향을 준다. 나무 한 그루가 잘려 나갈 때마다 이산화탄소를 모아 두는 저장고도 그만큼 줄어들기 때문이다. 나무가 연소되면 그 안에 저장되어 있던 이산화탄소도 함께 배출된다. 반대로 산림을 조성하면 나무가 이산화탄소를 자기 몸속에 저장함으로써 대기권에 있는 이산화탄소의 양은 줄어든다. 따라서 브라질의 아마존 같은 대규모 산림 지역을 보존하는 것은 지구의 기후를 안정시키는 데 매우 중요하다.

　　마지막으로 140억 마리가 넘는 소들도 기후변화에 끼치는 영향이 막대하다. 소는 체내의 가스를 배출할 때마다 이산화탄소보다 훨씬 강한 온실효과를 일으키는 메탄을 내뿜는다. 따라서 인류가 육식을 하기 위해 더 많은 동물을 키울수록 메탄의 배출량도 그만큼 많아진다.

째깍거리는 시한폭탄

기후변화는 되돌릴 수 없는 상태가 되었다. 부정적인 전망을 떨칠 만큼 빠르게 원상회복할 방법이 없다는 말이다. 지구의 시스템은 대기 변화에 느리게 반응하기 때문이다. 대다수 예측에 따르면, 지구의 기온은 21세기 말

까지 평균 1.7~4℃ 상승할 것으로 보인다. 최소한 1.7℃
는 상승할 거라는 말이다. 이로써 시한폭탄은 째깍거리기
시작했다. 우리는 엄청난 변화를 계산하고 있어야 한다.

우리가 최대한 노력해서 지구의 기온 상승을 1.7℃ 수
준으로 제한한다고 해도 해류의 중단이나 변경 같은 몇몇
현상은 막을 수가 없고, 그것이 기후에 미치는 영향도 예측
하기 어렵다. 바다가 더워지면 심해의 메탄이 녹아 대기권으로 나온다.[22]
게다가 지금까지 일 년 내내 꽁꽁 얼어붙어 있던 시베리아 같은 영구동토
층이 녹으면 거기서도 엄청난 양의 메탄이나 이산화탄소가 방출된다. 그
러면 기후변화는 더욱 가속도가 붙고, 지구의 기온은 6℃ 이상 올라갈 수
도 있다. 이것이 현실화되면 세계는 완전히 다른 세상으로 변할 것이다.

기후학자들은 이런 재앙이 현실이 되지 않으려면 지구의 기온 상승을
최대 2℃까지로 막아야 한다고 주장한다. 그렇다면 인류에게 던져진 과제
는 분명하다. 그동안 편하게 누려 오던 것들을 지혜로운 적응으로 과감히
포기하고, 그렇게 포기할 수 없는 것들은 효과적으로 차단하는 방식을 강
구하는 것이다. '2℃'라는 한계선을 지키는 것은 쉬운 일이 아니고 엄청난
노력이 필요한 일이다. 그 한계선을 지키려면 1인당 이산화탄소 연간 배출
량을 2톤 이하로 줄여야 한다는 계산이 나온다. 현재 독일인은 1인당 9톤

을, 미국인은 20톤을 배출하고 있다. 반면에 중국인은 3톤, 인도인은 1톤으로 이산화탄소 배출량이 무척 적다. 화석연료를 전혀 사용하지 않고, 나무와 분뇨, 짚 같은 바이오매스에만 의지하는 지역이 많은 아프리카는 말할 것도 없다.

베네치아는 가라앉고 에스파냐는 가뭄에 시달리고

지구의 기온이 2°C 올라가면 우리에게 어떤 일이 닥칠까? 전문가들도 대략적으로만 예상할 뿐 구체적인 것은 아무도 모른다. 다만 빙하와 얼음층이 녹고, 해수면이 50센티미터까지 상승하고, 이상 기상 현상이 잦아지는 것은 틀림없다. 식량 문제가 전 세계로 확산되는 일은 없겠지만, 일부 지역에서는 '기후 난민'이 되어 새로운 고향을 찾아 나서야 할 사람이 늘어날 것이다. 강수량과 증발량에 변화가 생기면 인간의 물 저장고도 타격을 받는다. 그 밖에 교량과 도로, 도시, 철도가 해수면의 상승으로 파손될 수 있고, 말라리아와 콜레라 같은 전염병이 지금까지 발생하지 않았던 지역으로 확산될 수도 있다. 결국 인간의 삶은 기온 상승의 갖가지 영향에 직간접적으로 매여 있다.

좀 더 구체적으로 살펴보자. 미국 뉴욕의 맨해튼은 해수면 상승으로 일부 지역이 물에 잠길 가능성이 크다. 미국항공우주국의 연구에 따르면 브루클린과 퀸스, 로어맨해튼이 위험하다고 한다. 이런 지역이 물에 잠기면 근거리 교통 시스템은 완전히 마비된다. 그리고 지금도 일부 지역이 해수면보다 낮은 네덜란드는 수면 상승으로 육지의 일부를 잃을 수 있다. 독일 북부의 슐레스비히홀슈타인과 북해 섬들도 마찬가지 상황이다. 방글라데시 남부는 통째로 바다에 잠겨 대서양과 태평양에 있는 작은 섬들과 비

적응 기후변화로 수많은 지역의 삶이 바뀌리라는 것은 분명하다. 지금까지의 예측에 따르면 기후변화로 가장 큰 타격을 받을 지역은 가난한 나라들일 것으로 보인다. 피해를 복구하려면 천문학적인 돈이 들 텐데, 그렇지 않아도 가난으로 허덕이는 나라들로서는 엎친 데 덮친 격이다. 예전에 해안 도로가 있던 곳은 파도가 넘실거리고, 비가 많이 내리던 곳은 건조해질 것이다. 어쩌면 새로운 상황에 맞춰 살아가는 것 말고는 다른 방법이 없는 경우도 많을 것이다. 이처럼 기후변화에 따르는 것이 '적응'이다. 적응은 뉴욕이나 베네치아뿐 아니라 기후변화의 주요 당사자인 개발도상국들에도 필요하다. 생존의 위험이 가장 큰 곳이 그런 나라들이기 때문이다. 따라서 개발도상국을 지원할 때에는 기후변화에 따르는 영향을 깊이 생각해야 한다. 나중에 물이 범람할 위험이 있는 지역에 도로나 철도 같은 인프라를 구축하는 것은 아무 의미 없는 일이기 때문이다.

숫한 운명을 겪을 가능성이 크다. 사하라 사막은 점점 넓어지고, 아마존 열대우림 지역은 위험에 빠질 것이다. 이산화탄소를 저장하는 숲이 줄어들면 그것은 다시 기후에 좋지 않은 영향을 끼친다. 그렇게 악순환이 되풀이된다.

휴양지로 인기가 높은 유럽의 남부도 변화를 피해 갈 수는 없다. 정기적으로 물 부족에 시달리는 에스파냐에서는 많은 지역이 사막으로 바뀌고, 그리스 일부 지역도 가뭄으로 큰 고통을 겪을 것이다. 반면에 그보다 위도가 높은 중부 유럽은 전체적으로 비가 더 많이 내리고, 남쪽의 열대 지방에서 지중해까지는 더 건조해질 전망이다.

라인 강의 범람도 점점 잦아질 것이다. 학자들의 예측에 따르면 2050년에는 유럽의 주요 수로를 이용한 운송이 거의 불가능할 것이라고 한다. 이처럼 지구의 기온이 2℃밖에 상승하지 않는다고 해도 우리에게 닥칠 일들은 무척 위협적이다.

베네치아도 위태롭긴 마찬가지이다. 수백 년 전부터 베

네치아 시민들을 불안에 떨게 했던 범람 사태가 실제로 발생한다면 아드리아 해 연안의 수상 도시 베네치아는 영원히 물속에 잠길 것이다. 물론 베네치아를 구하기 위해 수많은 계획이 세워지고 있다. 그중 하나가 땅 아래 암석층의 물을 펌프로 퍼내서 베네치아의 지면을 30센티미터 정도 높이는 방안이다. 그러나 그런 인위적인 기술이 자연의 힘을 견뎌 낼 수 있을지도 확실치 않을뿐더러, 원칙적으로 그것은 미래의 해수면이 실제로 얼마만큼 상승하느냐에 달린 문제이다. 현재 기후변화에 대응하기 위해 기발하고 독창적인 방안들이 수없이 쏟아지고 있다. 그러나 국부적인 증세를 고치려고 이리저리 손을 쓰기보다는 근본적인 원인을 찾아 미리 예방하는 것이 훨씬 효과적일 것이다.

기후변화의 부당한 수혜자들과 탐욕

기후변화로 오히려 어부지리를 얻는 사람들이 있다. 영국 웨일스

지방의 포도 경작이나 북극을 통과하는 새로운 항로 개척에 투자한, 냉정할 정도로 계산적인 사업가들이 그들이다. 특히 해운업자들은 북극의 빙하가 녹아내릴 날을 손꼽아 기다리고 있다. 지금 예측으로는 2015년 무렵이면 일반 선박들이 1년에 반 정도는 북극해를 지나다닐 수 있을 것으로 보인다. 북극해가 열리면 바렌츠 해의 러시아 무르만스크 항을 출발한 유조선이 캐나다 해안까지 가는 데 일주일이면 충분할 것이다. 아랍에미리트의 수도 아부다비에서 미국 텍사스 주의 갤버스턴 항까지 가는 거리의 반도 되지 않는다. 심지어 베네수엘라에서 일본으로 가는 유조선이 북극항로를 이용하면 1만 2000킬로미터를 단축할 수 있다.

지구가 더워지면 스칸디나비아 반도, 특히 석유와 천연가스가 풍부한 노르웨이가 큰 혜택을 볼 것으로 예측된다. 지금 노르웨이의 함메르페스트 항에는 천문학적인 자금을 투자해서 액화가스 시설이 지어지고 있다. 여기서 나오는 가스는 주로 북아메리카 시장에 공급될 예정인데, 단축된 항로 덕분에 설비에 들어간 막대한 비용을 짧은 시간 안에 건질 수 있을 것으로 보인다.

러시아에도 지구 온난화에 무덤덤하게 반응하는 사람들이 많다. 그들로서는 흥분할 이유가 전혀 없는 것이다. 예를 들어 지구의 기온이 2~3℃ 정도 오르면, 시베리아에도 풀과 나무가 무성해지고, 난방에 그렇게 많은 에너지를 소비하지 않아도 되며, 밭에서는 더 많은 작물을 수확할 수 있다는 것이다. 물론 기온이 적당하게 상승하면 러시아의 추운 지역에 긍정적으로 작용할 수 있다. 그러나 미리 철저하게 대비하지 않으면 우리가 견딜 만한 수준으로 기온 상승을 통제할 수 없게 된다.

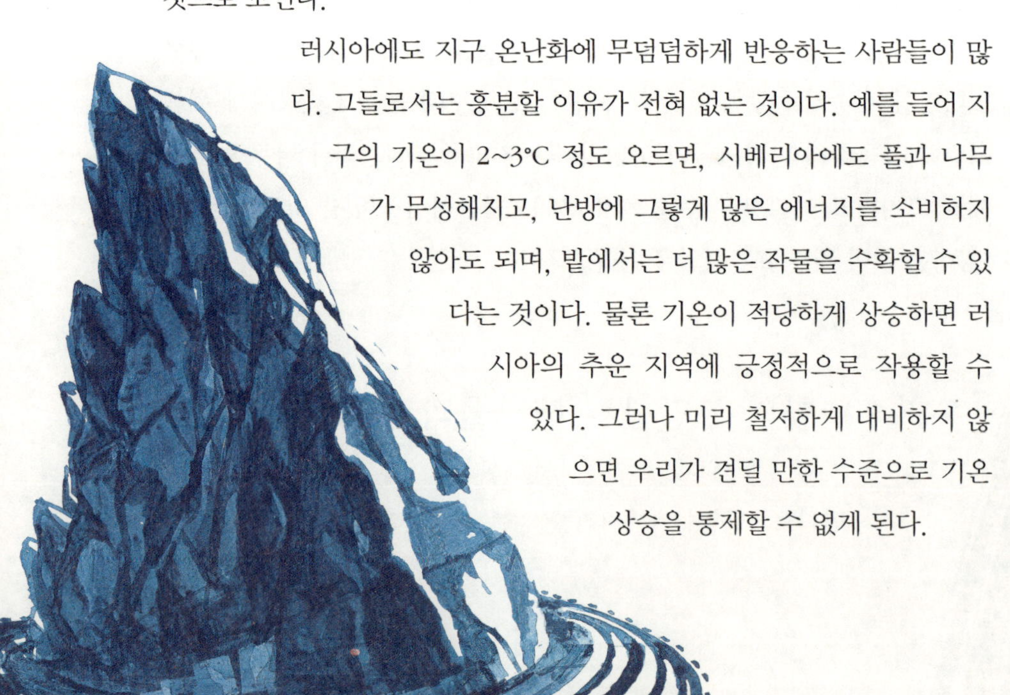

따라서 눈앞의 이익만 생각하고 지구의 온난화를 강 건너 불구경하듯이 바라보는 것은 근시안적이고 위험한 태도이다. 기후변화가 장기적으로 지속되면 이익을 볼 수 있는 사람은 아무도 없기 때문이다.

그럼에도 기후변화에 실효성 있게 대응하기 위한 전 세계적인 차원의 행동 계획은 아직 마련되지 않고 있다. 우리가 맞닥뜨리고 있는 상황은 무슨 공상과학 영화에나 나오는 그런 세계가 아니라 가까운 미래에 겪을 수 있는 현실이다. 그런데도 인류는 여전히 이성을 회복하지 못한 채 위협적인 재앙을 멈추기보다 오히려 부추기고 있다. 그렇게 엄중하게 경고를 하는데도 이산화탄소 배출량이 계속 늘어나는 것을 보면 알 수 있다. 더욱이 참으로 기가 막힌 것은 기후변화에 아무런 책임이 없는 사람들이 하필 가장 큰 피해를 본다는 사실이다. 코기 인디언 부족처럼 말이다.

기후변화의 가장 큰 피해자들

시에라네바다 데 산타마르타는 인간의 발길이 미치지 않는 콜롬비아의 고원 지대이다. 이곳에 외부 세계와 차단된 채 코기 인디언이 살고 있는데,

과거 멕시코 유카탄 반도에 둥지를 틀었다가 이 한적한 세계로 들어온 것으로 보인다. 이들에겐 문자가 없다. 그 대신 밤마다 모여 앉아 입에서 입으로 오랜 전통을 전하고 전통적인 생활방식을 유지한다.

2002년 어느 날 콜롬비아의 환경부 장관이 세계 여러 나라의 환경부 장관들을 이끌고 안데스 산맥의 북쪽 끝에 위치한, 해발 6000미터의 그 기이한 고원 지대를 탐방했다. 코기 인디언들은 전통적 의식으로 손님들을 맞았다. 그들의 말은 알아들을 수 없었지만, 정이 넘치는 따뜻한 마음은 누구나 느낄 수 있었다. 그런데 이 부족 사람들에게 무언가 근심이 있는 것 같았다. 손짓 발짓을 섞어 가며 대화를 시도한 끝에 그들의 근심이 무엇인지 알게 되었다. 전통적으로 밭을 경작하려면 일정한 시기에 비가 내려 줘야 하는데, 몇 년 전부터 그 시기에 비가 내리지 않는다는 것이다. 여러 세대에 걸쳐 건기와 우기의 주기에 맞추어 살아온 코기 인디언들에게 날씨는 생존을 위한 절대적 토대이자 근본 조건이었다. 그런 토대가 흔들리고 있었다. 그들로서는 도저히 이해가 안 되는 일이었다.

유엔 기준에 따르면 코기 인디언은 하루에 1달러 이하로 살아가는 극빈자층이다. 아니, 그들에게는 돈이라는 것조차 없었다. 자연이 그들의 재산인데, 돈이 왜 필요하겠는가! 식량과 물, 약, 건축 재료, 땔감 할 것 없이 사는 데 필요한 것은 모두 자연에서 구할 수 있었다. 엄밀히 말해서 그들은 그것만으로도 인근의 대도시 산타마르타 주민들보다 훨씬 부자였다.

그런데 수년 전부터 코기 인디언들이 사는 지역의 날씨가 변했고, 그로써 그들의 삶도 달라졌다. 몇날 며칠 머리를 싸매고 그 원인을 알아내려고 애썼으며, 자연의 신들에게 제사를 지내기도 했다. 그러나 소용이 없었다. 결국 마을 어른들은 이것이 젊은 세대 탓이라고 결론 내렸다. 젊은이들의 무절제한 생활과 버릇없는 태도 때문에 신들이 노해서 이런 벌을 내렸다는 것이다. 이 판결로 그때까지 조화롭고 평화롭던 마을에 갈등이 생겼다. 갑작스러운 자연의 불안정이 부족의 사회적 화합을 위협한 것이다.

　방문객들은 사람들이 석탄과 석유 같은 화석연료를 많이 사용함으로써 지구의 대기 움직임에 이상이 생겼고, 이곳의 기후가 변한 것도 그 여파라고 설명했다. 코기 인디언들은 방문객들이 하는 말을 도무지 알아들을 수 없었다. 자신들과는 아무 상관도 없는 일로 자신들이 피해를 보고 있다는 말을 어떻게 이해하겠는가? 그렇다. 그들이 살아가는 방식은 대기오염이나 기온 상승과 아무 상관이 없었다. 그럼에도 그 여파를 직접적으로 받고 있는 사람은 그들이다. 한마디로 아닌 밤중에 홍두깨 식의 '생태적 공격'이다. 이처럼 코기 인디언들은 다른 지역 사람들의 무책임한 행동 때문에 삶의 토대까지 무너져 내리는 피해를 보고 있다.

　기후변화가 전 세계적인 차원에서 진행되고 있다는 점을 감안하면 코기 인디언들의 운명이 특별한 것으로 여겨지지 않을 수도 있다. 그러나 이들의 예가 보여 주는 메시지는 분명하다. 잘사는 나라 사람들이 그동안 흥청망청 먹고 마신 대가를 다른 지역의 가난한 사람들이 가장 많이, 가장 먼저 치르고 있다는 사실이다. 그들은 누구보다도 자연과 직접적으로 연결되고, 자연에 의존하는 삶을 살기 때문이다.

　세계 곳곳이 극심한 기후변화로 끙끙 앓고 있다. 그중에서도 튼튼한 집과 제방, 깨끗한 물이 없는 지역의 사람들은 사막화와 가뭄, 홍수에 아무 방책 없이 내맡겨져 있다. '생태적 공격'의 가장 큰 피해자는 바로 그들이다. 이런 상황을 조금이나마 개선할 방법은 선진국들이 이산화탄소 배출량을 급격히 줄이는 것뿐이다. 지난 수십 년 사이 비약적인 경제성장을 이루어 낸 신흥 공업국들도 여기에 적극 동참해야 한다. 물론 이 문제를 해결하려는 국제정치적 움직임들이 있지만, 지금까지의 결과는 그리 희망적이지 못하다.

교토 의정서

유엔기후변화협약 사무국이 발표한 최근 보고서의 전망도 밝지 않다. 공업국들의 온실가스 배출이 1990년에서 2004년 사이에 3퍼센트쯤 줄었다고는 하지만, 그 내용을 자세히 들여다보면 그다지 기뻐할 일이 아니다. 동유럽 국가들의 경제적 붕괴로 어쩔 수 없이 이들 국가의 이산화탄소 배출량이 전보다 3분의 1 이상 감소했을 뿐, 같은 시기 나머지 공업국들은 11퍼센트나 증가했다. 게다가 이산화탄소 감축 계획에 아예 참여조차 하지 않은 나라들도 많아서 온실가스 배출량은 전체적으로 증가했다.

1992년, 세계 정치 지도자들이 리우데자네이루에 모여 기후변화 협약을 체결했다. "생태계가 자연스레 기후변화에 적응하고, 식량 생산이 위협받지 않고, 경제 발전이 지속가능한 수준으로 이어질 수 있게 온실가스의 농도를 안정시키자는 데" 합의한 것이다.

몇 년 뒤 1997년에는 온실가스 감축 의무 목표를 정한 교토 의정서가 체결되었다. 회의 개최지인 일본 교토의 이름을 따라 의정서의 이름이 붙여졌다. 여기서 선진 40개국은 2012년까지 온실가스의 배출을 1990년 배출량 대비 5.2퍼센트 감축하기로 합의했다. 하지만 감축 목표가 달성될지는 알 수 없다. 미국과 오스트레일리아 같은 주요 국가들이 의정서 내용에 결함이 있고, 그것이 자신들에게 불리하다는 이유로 협약에서 탈퇴했기 때문이다. 미국이 되풀이하는 주장은 이렇다. 에너지 소비를 그 정도로 줄이면 경

기후 정책이 곧 최선의 경제 정책　교토 의정서에 반대하는 논리 중 하나는 이산화탄소 배출을 규제하면 경제가 타격을 받는다는 것이다. 전 세계은행 수석경제학자 니콜라스 스턴은 2006년 10월 이 논리를 완전히 짓부수는 보고서를 냈다. 영국 정부의 위탁을 받아 작성된 600여 쪽의 이 보고서는 방대한 분석과 세밀한 계산을 통해, 기후변화에 아무런 행동도 하지 않는 것이 오히려 경제에는 최악이라는 것을 보여 주었다. 그가 내린 결론은 명확하다. 기후 정책이 최선의 경제 정책이라는 것이다. 기후 정책에 드는 비용은 세계 국내총생산의 1퍼센트일 뿐이지만, 아무런 행동을 하지 않았을 때 발생하는 피해 규모는 세계 국내총생산의 20퍼센트에 이르고, 세계 경제 역시 세계대전이나 1930년대 대공황 때만큼 파국으로 치달을 것이다. 따라서 하루라도 빨리 행동에 나설수록 피해 규모는 그만큼 줄어든다. 스턴은 말한다. 아직 희망이 있지만 더 이상 지체해서는 안 된다고.

제가 심각한 타격을 받으리라는 것이다. 그러나 그동안 미국의 유력 대기업들조차 상황 인식이 180도 바뀌어, 오히려 지금은 그들이 나서서 연방 정부에 이산화탄소 배출의 명확한 기준치를 요구하고 있다. 미국의 몇몇 주, 그중에서도 영화 〈터미네이터〉의 주연 배우로 유명한 아널드 슈워제네거가 주지사로 있는 캘리포니아 주는 더 이상 워싱턴의 지침을 기다리지 않고 자발적으로 기후변화에 단호하게 대처하고 있다.

　기후변화에 대한 대처는 정치인들만 하는 것이 아니다. 일반 시민들도 에너지 소비를 줄여 온실가스를 감축하는 데 크게 기여할 수 있다. 우리 소비자에게 필요한 것은 무슨 거창하고 어려운 것이 아니다. 그저 일상생활에서 한 번 더 생각하고 행동하면 된다. 날이 아직 밝은데 전등을 꼭 켜야 할까? 보지도 않는 텔레비전을 틀어 놓아야 할까? 다리미를 쓸데없이 계속 가열하고 있지는 않은가? 목욕을 너무 자주 하는 건 아닐까? 자전거나 대중교통을 이용할 수 있는데도 승용차를 타고 가는 건 아닐까? 이런 문제들을 한번 되짚어 보자는 것이다. 그 밖에 건축물의 단열 기술을 개선하거나 태양열과 지열을 이용하는 방법으로도 막대한 에너지를 절약할 수 있다. 제로 에너지 하우스, 더 나아가 에너지를 만들어 내는 건물도 더 이상 꿈이 아니다. 덧붙이자면, 에너지를 줄이자고 해서 석기 시대로 되돌아가자는 이야기가 아니라 에너지를 좀 더 지혜롭게 사용하자는 것이다.

온실가스 감축의 의무 목표치를 달성하는 방식은 각 나라가 재량껏 하면 된다. 신기술의 개발로 에너지 효율성을 크게 높인 고효율 발전소도 하나의 방법이다. 어쨌든 가능성은 많고, 경제적인 측면으로만 국한할 필요도 없다. 그러나 분명한 것은 선진 공업국들이 21세기 중반까지 이산화탄소 배출을 적어도 60퍼센트 이상 줄여야 한다는 사실이다. 이 목표에 도달하려면 엄청난 노력이 필요하고, 생각할 수 있는 모든 조치를 취해야 한다. 에너지 효율성의 증대와 이산화탄소를 뿜어내지 않는 재생 에너지의 사용이 핵심적인 조치들이다.

첫걸음을 떼다

기후변화 협약의 의무를 적극적으로 지켜 나가려는 나라는 아직 그리 많지 않다. 독일의 경우는 상당히 성과가 있다. 물론 목표량의 상당 부분은 통독 이후 옛 동독 지역에서 많은 에너지 집약 산업체들이 문을 닫고, 에너지 효율성이 떨어지는 갈탄 발전소를 현대적인 발전소로 바꾸었기 때문에 가능했다. 어쨌거나 독일은 영국과 더불어 서유럽에서 온실가스 감축에 가장 적극적인 국가로 꼽히고 있다.

반면 에스파냐, 이탈리아, 캐나다, 미국, 일본, 오스트레일리아는 상황이 완전히 다르다. 이들 국가는 교토 의정서를 준수하겠다는 마음이 아예 없는 것처럼 보인다. 예를 들어 오스트레일리아는 이산화탄소 배출을 8퍼센트 줄이겠다고 약속했지만 오히려 22퍼센트 이상 늘었다.[23]

이산화탄소 감축 노력은 이제 겨우 첫걸음을 뗀 상태이다. 교토 의정서는 2008년 5월 기준으로 184개국이 서명하고 76개국이 비준했다. 그런데 중국, 인도 같은 고성장 개발도상국과 다른 개발도상국 150여 국가에는 감축 의무와 시한을 아직 부여하지 않았다. 나라마다 1인당 이산화탄소 배출량이 크게 차이 나는 점을 고려하면 당연한 조치로 보인다. 예를 들어 미국인은 인도인보다 이산화탄소를 20배 이상이나 배출한다. 이는 국가 간의 커다란 빈부 격차를 반영한다. 개발도상국들이 빈곤과의 전쟁에서 이기려면 비약적 경제성장을 이루어 내야 한다. 그러기 위해선 이미 경제성장을 이룬 선진국들이 솔선수범하여 감축 의무를 준수해서 개발도상국들이 부담 없이 성장할 수 있는 토대를 마련해 주어야 한다. 그뿐 아니라 그들이 친환경적으로 경제성장을 할 수 있게끔 에너지 기술 분야에서도 지원과 협력을 아끼지 말아야 한다.

중국은 미국에 비해 인구가 4배 많다. 그래서 1인당 이산화탄소 배출량은 현저히 낮은데도 전체 배출량은 매우 높고, 머잖아 미국의 전체 배출량을 따라잡을 것으로 보인다. 이제 고성장 개발도상국들도 전 세계 기후 정책에 동참해야 한다. 1992년 리우데자네이루에서 유엔은 세계 각국이 환경보호에 "공동의, 그러나 각각 다른 책임"을 져야 한다는 사실을 확인했다. 그러나 지금까지 이산화탄소 배출에 절대적 책임이 있는 선진국들이 본보기를 보이지 않는다면 고성장 개발도상국들도 공동 프로그램에 적극 동참하지 않을 것이다.

2005년부터 시행된 교토 의정서는 기후변화와의 싸움에서 첫 단계일 뿐이다. 인간이 지구의 기온 상승에 어느 정도 대응할 수 있는 한계치가 2℃라면 교토 의정서에서 합의한 이산화탄소 감축 목표는 그에 훨씬 못 미친다. 목표를 달성하려면 21세기 중반까지 온실가스 배출량을 반 이상 줄여야 하지만, 이제 겨우 5.2퍼센트 감축했을 뿐이고 합의한 목표치가 계속 지켜질 수 있을지도 여전히 불확실하다.

기후변화는 이제 우리 자식이나 손자가 겪을 고통이 아니라 우리 자신의 현재이자 미래가 되었다. 세계의 책임 있는 정치인들도 서서히 이 점을 심각하게 받아들이고 있다. 예를 들어 산업 생산과 기후변화의 연관성을 전혀 인정하지 않던 미국의 조지 부시 전 대통령조차 결국 퇴임을 얼마 앞두고는 지구의 온난화 현상을 심각한 문제라고 언급하기에 이르렀다. 그러나 인식의 전환이 행동으로 바뀌려면 아직도 한참 멀었다. 여전히 미국은 '석유 중독'에서 벗어나 대대적인 에너지 절약 운동을 펼치거나 재생 에너지를 개발하여 사용하기보다는 경제성장을 앞세운다는 인상을 풍긴다.

물론 유럽의 정치인들은 조금 다르다. 프랑스의 자크 시라크 대통령은 기후변화가 벌써 "잔인하고 절박한 현실"로 변했고 "인류의 가장 큰 위협"이 될 거라고 말했다. 토니 블레어 전 영국 총리 또한 "지구를 구할" 시간이 겨우 몇 년밖에 남지 않았다고 경고했다. 빌 클린턴 전 미국 대통령도 기후변화를 가리켜 "인간 문명을 끝장낼 수 있고 다른 모든 문제를 하찮은 것으로 만드는 유일한 것"이라고 말했다.

그러나 말로만 그쳐서는 안 된다. 행동이 뒤따라야 한다. 하지만 상황은 그리 좋지 않다. 2012년이면 교토 의정서 발효 기간이 끝나고 그 뒤를 이을 새 협정을 마련해야 하지만, 관련 협상은 지지부진을 면치 못하고 있다. 그사이에도 시간은 계속 흘러간다. 몇 년 전 미국의 협상 대표 한 사람은 기후변화에 관해 체념한 어조로 이렇게 말했다. "이 일은 우리같이 편협한 정치인들이 풀기에는 너무 큰 문제이다."

그렇다고 이대로 주저앉아 있을 수는 없다. 체념하기 전에 우리 스스로 깊이 반성해야 한다. 과연 우리가 이제껏 기후변화를 늦추기 위해 제대로 행동한 적이 있었던가? 지금 우리에게 필요한 것은 화석연료를 효율적으로 사용하고, 더 나아가 화석연료에 대한 일방적인 의존성을 탈피하는 것이다. 기후변화의 위협이 아니더라도 이렇게 사고의 전환을 이루고 실천해야 할 또 다른 이유가 있다. 석유와 석탄, 천연가스는 영원히 쓸 수 있는 게 아니라 언젠가는 고갈될 것이기 때문이다. 어차피 거기에 적응해야 한다면 하루라도 먼저 시작하는 것이 최선이다.

자원이 고갈되면

에너지는 현대의 삶을 움직이는 동력이다. 석유, 가스, 전기가
없으면 우리의 일상은 곧바로 멈추어 서고 혼란에 빠질 것이다.
우리가 하는 거의 모든 일에 에너지가 필요하다. 심지어 아무것도
하지 않고 잠을 잘 때에도 난방과 전자시계, 냉장고는 쉴 새 없이
돌아간다. 에너지는 경제의 심장이고, 안락한 삶을 누리게 하는
토대이다. 그러나 지난 20세기와 달리 앞으로는 더 이상 에너지를
펑펑 쓸 수도 없고, 값이 싸지도 않을 것이다. 자원이 서서히
바닥을 드러내고 있기 때문이다. 그에 반해 오랜 가난에서
벗어나려고 경제성장에 박차를 가하는 나라들은 점점 늘어나고
있다. 그럴수록 에너지 수요는 더욱 증가하고, 자원은 더 빨리
고갈된다. 어떤 사람들은 원자력을 대안으로 꼽는다. 최소한
새로운 에너지를 발견할 때까지는 말이다. 원자력은 석유 수출국에
의존할 필요도 없고, 기후에도 해를 끼치지 않는다. 그러나 아직
핵폐기물을 안전하게 저장하는 방법을 찾지 못했고, 핵에너지를
군사 목적으로 남용하는 것을 막을 장치도 없다. 그렇다면
지금으로서는 에너지를 절약하고, 에너지 효율성을 높이고, 재생
에너지의 사용을 촉진하는 것이 훨씬 안전한 방법이다.

석유에 대한 인간의 욕심은 끝이 없지만 이 '검은 황금'은 무한정 나오지 않는다. 석유, 석탄, 천연가스는 한정되어 있고, 우리는 그 사실을 현실에서 서서히 고통으로 느끼고 있다. 휘발유 값과 난방비, 가스비가 가파르게 오르고 있기 때문이다. 1950년에 1리터에 28.6센트였던 일반 휘발유 가격은 1988년에는 47.1센트, 1999년에는 84.1센트, 2007년 2월에는 118.9센트로 상승했다. 그럼에도 전 세계적으로 에너지 수요는 계속 늘고 있다. 급기야 에너지 자원이 바닥을 드러낼 날도 멀지 않았다. 자원이 고갈된 뒤에는 어떻게 될까? 우리 집 난방은 어떻게 하고, 거리와 건물, 터널의 불은 어떻게 켜고, 차 없이 어떻게 직장에 출근하며, 상품 생산과 운반은 어떻게 할까?

한때 석유 회사에서 일했던 부시 전 미국 대통령조차 2006년 초 미국의 현 상황에 대해 처음으로 뼈아픈 진실을 언급했다. 미국이 석유에 중독되었고, 이제는 그런 의존성에서 한시라도 빨리 벗어나야 한다는 것이다. 석유의 땅 텍사스 출신 대통령이 석유에서 벗어나라고 경고한 데에는 그만한 이유가 있다. 지상에서 미국 경제만큼 석유를 많이 소비하고, 미국만큼 이산화탄소를 많이 배출하는 나라는 없기 때문이다. 미국은 세계 인구의 5퍼센트밖에 안 되지만 전 세계 석유의 4분의 1을 소비하고 있다. 미국의 국내총생산을 일정한 수준에서 유지하려면 어마어마한 양의 에너지가 필요하기 때문이다.

미국인들은 아주 오랫동안 자원이 영원히 마르지 않을 것처럼 흥청망청 낭비하며 살아왔다. 미국을 여행한 적이 있는 사람이라면 아마 미국 사람들이 얼마나 무분별하게 에너지를 소비하고 사는지 경험했을 것이다. 여름에는 추울 정도로 에어컨을 틀고, 겨울에는 실내에 있으면 땀이 날 정도이며, 단열 처리가 된 집은 거의 없고, 자가용밖에 이동 수단이 없는 지역도 아주 많다. 휘발유 가격이 오랫동안 지나치게 쌌던 만큼 최근에 기름 값이 치솟음으로써 소비자들이 느끼는 충격은 더욱 크고 고통은 더한층 심하다. 미국인들은 수십 년 동안 석유를 아주 싸게 소비하는 생활에 길들여져 있었고, 개발 정책과 사회 기반 시설, 도시 건설, 주택, 그리고 산업까지 거기에 맞추어져 있었다.

기름 값 급등으로 좋은 점도 있다. 미국인들도 처음으로 석유가 빠듯해지거나 아예 없는 시대를 생각하게 되었고, 에너지의 일부를 대체 에너지로 바꾸고 에너지 절약을 당면 과제로 삼으려는 운동이 일어나고 있다는 것이다. 미국 정부는 시민들에게 자동차의 속도를 줄이고, 급발진과 급제동을 삼가고, 살 것이 있으면 한꺼번에 모아서 쇼핑을 하고, 되도록 여러 명이 함께 자동차를 탈 것을 권장하고 있다. 이런 것이 언제나 지켜지는 것은 아니지만, 올바르고 유익한 에너지 절약 방법인 것은 확실하다.

에너지에 굶주린 나라들

지금까지 전 세계적으로 뜨거운 에너지 광풍을 일으켜 온 것은 미국만이 아니었다. 이른바 고성장 개발도상국이라는 중국과 인도, 남아프리카공화국, 멕시코 또한 뒤처진 경제 발전을 만회하고 가난을 극복하기 위해 오로지 앞만 보고 달리는 기관차처럼 경제성장에 박차를 가해 왔다. 경제성장에 가장 기본적으로 필요한 것이 자원이기에 석유와 석탄, 천연가스 소비량은 해마다 증가할 수밖에 없었다. 그럼에도 이들 나라는 아직 배가 고프다. 국제에너지기구(IEA)[24]는 지금 추세 그대로 가면 2030년쯤 석유 수요가 또다시 반 이상 늘 것으로 전망했다.

유엔의 조사에 따르면 세계적으로 16억 명이 아직도 전기를 사용하지 못하고 있다. 유엔이 밝힌 대로 이들이 가난에서 벗어나려면 되도록 빨리 현대적이고 깨끗한 에너지인 전기가 공급되어야 한다. 에너지 부족을 해결하는 것이 가난을 극복하기 위한 전제 조건이기 때문이다. 하지만 그 때문에 화석연료는 더 빨리 바닥을 드러내고 있다. 이제 잔치는 끝났다. 전문가들은 우리가 '후기 석유 시대'에 진입했다고 냉정하게 평가하고 있다.

석유 시대는 그렇게 길지 않았다. 상업용 석유갱에서 처음으로 석유 채굴을 시작한 뒤로 겨우 150년이 지났을 뿐이다. 그러나 그때부터 근본적인 변화가 일어났다. 증기기관의 발명 이후 화석연료에 기반을 둔 산업

아직 다 깨어나지 않은 거인의 식욕 인구 13억의 중국은 단숨에 세계 2위의 석유 소비국으로 뛰어올랐다. 국내의 유전만으로는 그런 증가세를 충족시킬 수 없기에 결국 많은 양을 수입에 의존할 수밖에 없었다. 2004년 중국은 6년 전보다 4배 이상 많은 석유를 수입했다. 그런데 중국 인구의 3분의 2는 아직 시골에 살고 있고, 시골에는 냉장고나 세탁기, 자동차가 없다. 만일 중국인들의 소득이 서양의 중산층 수준으로 높아지면서 그들이 일상에서 더 많은 편리함을 누리려고 한다면 에너지 소비량이 얼마나 늘지는 상상조차 안 된다.

화가 우리의 생활을 완전히 바꾸어 버린 것이다. 한마디로 에너지에 종속된 삶이다.

오늘날 우리는 어떤 식으로든 전기나 휘발유, 난방유를 사용하면서 시간을 보낸다. 에너지와 무관한 시간은 거의 없다. 그것도 대부분 여러 가지 전자 제품을 동시에 사용한다. 우리는 아침을 먹으면서 라디오를 듣고, 컴퓨터를 켜 놓고 전화를 한다. 난방을 틀어 놓은 채 와이셔츠와 블라우스를 다림질하고, MP3로 음악을 들으면서 버스나 지하철을 탄다. 휴가철에는 여행을 떠나고, 주말이면 놀이공원이나 영화관에 간다. 때로는 에너지가 전혀 들지 않는 산책을 하기 위해 숲 근처까지 자동차를 타고 가거나 자동차 지붕 위에 자전거를 싣고 간다. 만일 우리의 주 에너지원인 석유와 석탄, 천연가스가 갑자기 고갈되면 인간의 삶은 한순간에 달라져 버릴 것이다. 물론 대기 오염은 줄고, 기후변화도 지금처럼 진행되지 않겠지만 말이다.

검은 돌과 검은 황금

몇백 년 전만 해도 사람들은 많은 것을 나무로 만들었다. 널린 것이 나무였기 때문이다. 가구와 수레, 배, 집도 나무로 만들었고, 요리를 하거나 난방용으로 불을 땔 때에도 나무를 사용했다. 농기구와 물방아, 그 밖의 다른 도구들을 사용할 때에는 사람들이 직접 하거나 아니면 동물의 힘을 빌렸다. 불을 밝히는 데에는 밀랍과 나뭇진, 등심초(줄기를 등잔 심지로 썼다), 올리브기름 따위를 사용했는데, 올리브기름을 쓸 수 있는 사람은 많지 않았다. 19세기 베를린 같은 도시에 처음으로 전깃불이 환히 들어오자 사람들은 기적이라고 생각했다.

석탄은 오랫동안 질 낮은 연료로 여겨졌다. 이 '검은 돌'을 때면 그을음과 연기가 너무 심했기 때문이다. 그러다가 너 나 할 것 없이 숲의 나무들을 베어 가 나무가 부족해지자 가난한 사람들은 석탄으로 불을 때기 시작했다. 그 후 사람들은 석탄불이 장작불보다 뜨거워서 금속을 녹이는 데 적합하다는 것을 알아냈다. 그때부터 석탄불을 이용해서 말굽에 붙이는 편자와 수레바퀴에 덧대는 쇠붙이, 갈고리, 못, 손잡이, 취사도구들을 만들었다. 그제야 석탄의 장점이 제대로 평가되기 시작했다.

17세기까지 석탄은 여러 가지 제조 과정(예를 들어 맥주를 만들거나 기와를 굽는 과정)에 없어서는 안 될 중요한 연료로 자리 잡았다. 그러다가 19세기에 증기기관이 발명되면서 석탄의 전성시대가 시작되었다. 그 결과 국

식물이 분해되어 생긴 석탄 석탄은 식물, 즉 바이오매스가 오랜 기간 밀폐된 땅속에 묻힌 상태에서 엄청난 압력과 열을 받아 분해되면서 생긴 퇴적암이다. 식물에서 나온 물이 서서히 빠져나가면서 석탄층이나 갈탄층이 형성된다. 석탄은 갈탄보다 더 오래되었고, 그래서 가치도 더 높다. 오래될수록 탄소 함량이 높아 불에 잘 타기 때문이다. 그에 비해 갈탄은 밀도가 낮고 황이 함유된 경우가 많아서 석탄에 비해 순도가 높지 않고 발열량도 낮다.

경을 넘는 무역과 산업이 비약적으로 발달했고, 곧이어 갈탄과 석탄은 전 세계 에너지 수요의 90퍼센트를 차지하게 되었다. 19세기에 결정적인 영향을 끼친 것이 석탄이라면, 20세기에는 석유를 빼놓을 수 없다. 물론 20세기에도 석탄 사용량은 꾸준히 늘어났다.

인간은 이미 수백 년, 아니 수천 년 전부터 석유의 존재를 알고 있었다. 그러나 땅 위로 새어 나오는 것만 조금씩 이용할 수 있었다. 그러다가 19세기 중반 미국에서 처음으로 대량 채굴되기 시작하였다. 그때까지 이렇게 채굴된 원유는 주로 윤활제로 사용하거나, 아니면 등유로 정제해서 석유등의 연료로 사용했다.

석유 시대가 시작된 것은, 철도 승무원 출신인 미국의 에드윈 드레이크가 펜실베이니아 주에서 처음으로 석유 채굴에 성공한 1859년이었다. 드레이크는 2개월 동안 땅을 파 내려갔다. 그런데 증기기관까지 동원했지만 별 성과가 없었다. 지하 21미터에 이르렀을 때 마침내 돈이 바닥났다. 드레이크가 채굴 작업을 중단하기로 결심하는 순간 별안간 땅속에서 석유가 치솟았다. 전 세계에 석유 시대의 개막을 알리는 순간이었다. 그렇게 해서 작은 농촌 도시 타이터스빌이 '검은 황금'을 캐는 도시로 바뀌었다. 시추탑이 곳곳에 세워져 1년 만에 2000개가 넘었고, 시끄러운 증기기관 소리가 그 일대에 가득했다.

그런데 펜실베이니아에는 비교적 적은 양의 석유가 매장되어 있어서 몇 년 뒤에는 많은 석유 시설들이 문을 닫았다. 1890년대에는 캘리포니아에서 엄청난 매장량이 발견되었고, 곧이어 텍사스가 석유의 땅으로 세상에 이름을 알렸다. 1901년, 당시까지 세계 최대의 석유 매장지가 텍사스에서 발견되었다. 그곳에서는 날마다 1만 톤의 원유가 거대한 분수처럼 솟아올랐는데, 일찍이 볼 수 없던 광경이었다. 러시아와 아제르바이잔, 그리고 나중에는 인도네시아에서도 석유가 나왔지만, 20세기 중반까지 미국은 아주 큰 차이로 세계 최대의 산유국 자리를 차지하고 있었다. 페르시아 만에서 대규모 유전이 개발되기 시작한 것은 1950년대부터이다.

1870년, 미국에서 세계적인 석유 기업 '스탠더드 오일'이 탄생했다. 창업주는 미국 경제의 전설적인 인물로 꼽히는 존 록펠러인데, 그 일가는 지금도 세계 최대의 갑부에 속한다. 록펠러는 때때로 수상쩍은 방법으로 다른 석유 회사들을 인수해서, 19세기 말에는 자신의 회사를 석유 산업계 전체를 호령하는 거대 기업으로 성장시켰다. 스탠더드 오일은 냉혹하고도 잔인한 자본주의의 속성을 그대로 드러낸 대표적 기업이었다. 이 회사 경영자들은 불법적인 수단까지 쓰면서 정치인들에게 영향력을 행사하고, 인정사정없는 가격 경쟁을 주도했으며, 주주들을 속여 사리사욕을 채우기도 했다. 1911년에 스탠더드 오일은 미국 대법원의 판결에 따라 개별 회사들로 해체되었다.

원유는 아주 쓸데가 많은 상품이었다. 생산자들은 그 사실을 재빨리 간파했다. 석유는 터빈을 돌려 전기를 생산함으로써 산업화를 촉진했고, 난로의 연료로 사용되어 추운 방을 데우기도 했다. 1909년에는 채굴된 석유의 반이 난방용으로 판매되었다. 그 뒤 자동차 산업이 크게 발전하면서 석유 수요가 폭발적으로 증가했다. 모터로 돌아가는 차량은 알코올이나 식물성 기름으로도 움직일 수 있었지만, 스탠더드 오일 같은 대기업이 손을 써서 화석연료를 차량의 연료로 자리 잡게 했다. 그로부터 100여 년이 지난 지금 화석연료는 전 세계 에너지 수요의 80퍼센트를 차지하고 있고, 그중에서 월등히 비율이 높은 것이 석유이다.

석유보다 가벼운 천연가스는 대부분 액체인 석유층 위에 매장되어 있는데, 오랫동안 귀찮은 쓰레기로만 여겨 석유를 채굴하는 과정에서도 그대로 태워 없앴다. 그러던 것이 1960년대에 이르러 가치를 인정받기 시작했다. 천연가스는 다른 화석연료보다 훨씬 깨끗한 에너지이다. 물론 천연가스를 태울 때에도 이산화탄소가 발생하지만, 에너지 효율성을 기준으로 석탄과 석유와 비교하면 그 양이 훨씬 적다. 게다가 황과 질소, 그을음도 많이 나오지 않는다. 천연가스를 액화시키는 기술과 새로운 운송 수단이 개발되면서 천연가스 소비량은 20년 전부터 계속 증가하고 있다.

석탄과 석유, 천연가스는 엄청난 시간 동안 인간의 영향이 전혀 미치지 않는 화학적·물리적 과정을 거쳐 만들어졌다. 그렇게 오랜 시간 공들여 만들어진 것을 염두에 두고 볼 때, 우리는 화석연료를 너무 쉽게 소비한다. 최소한 수백만 년 이상 화석연료 속에 저장된 태양 에너지를 고작 몇 년 안에 다 써 버리고 있는 것이다. 인간이 제2차 세계대전 이후에 소비한 자원의 양은 그전까지 소비한 자원을 모두 합친 것보다 훨씬 많다. 모든 자원에 해당되는 이야기이지만 화석연료가 특히 심하다.

종착역을 향한 서곡

현재의 화석연료 매장량으로 얼마나 버틸 수 있을지는 전문가마다 의견이 조금씩 다르지만, 분명한 것은 석유가 가장 먼저 떨어지고 석탄이 가장 오래 남으리라는 사실이다. 석탄은 가장 넓은 지역에 가장 많이 묻혀 있는 화석 에너지원이다. 원유처럼 몇몇 지역에만 집중되어 묻힌 것이 아니라 전 세계에 골고루 퍼져 있다.[26]

인도와 중국은 국내에 있는 대규모 탄광에서 석탄을 캐어 전기 생산에 이용한다. 그 양이 엄청나기 때문에 석탄을 좀 더 효율적이고 환경 친화적으로 사용하는 것은 매우 중요하다. 따라서 '청정 석탄'(clean coal) 기

166

술의 개발은 과학 기술 분야의 새로운 과제가 될 것이
다. 청정 석탄이란, 석탄을 연료로 사용하는 화력
발전소의 환경 친화성과 효율성을 높이는 모든
기술적 방법을 의미한다. 예를 들면 발전소의
에너지 효율성을 높이고, 에너지와 열을 동시에
생산하는 시설을 갖추고(열 병합 발전소), 오래되
고 낡은 발전소의 가동을 멈추는 것 등이다.

　석탄을 연료로 사용할 때 가장 중요한 것은
이산화황의 오염을 줄이고, 수은 같은 중금속과 산
화질소, 미세 먼지의 배출을 줄이는 것이다. 게다가
기후에 악영향을 주는 이산화탄소의 배출을 줄이기 위해
이산화탄소를 매연에서 분리해 지하 저장고에 압축시키는 기
술도 필요하다. '탄소 격리'라고 하는 이 기술은 벌써 시행되고 있는
데, 한 예로 캐나다와 노르웨이에서는 분리 수집한 이산화탄소의 압력을
석유 채굴에 이용하기도 한다. 그러나 이 방법을 널리 쓰는 데에는 여러
가지 어려움이 있다. 이산화탄소를 분리하는 데 들어가는 에너지가 너무
많은 데다가 이산화탄소를 장기간 안전하게 보관하는 문제도 쉽지 않기
때문이다.

　현재의 연간 소비량을 기준으로 계산했을 때, 경제성이 있는 석탄은
세계적으로 아직 수백 년은 더 사용할 수 있을 만큼 남은 것으로 보인다.
천연가스는 현재 파악된 재고와 에너지 가격에 비추어 볼 때 앞으로 70년
은 더 사용할 수 있지만, 석유는 40년 후면 더 이상 자동차에 넣을 것이 남
아 있지 않을 전망이다. 그러나 이런 전망은 무척 불확실하다. 한편에서는
에너지 수요가 계속 증가하고 새 매장지가 쉽게 눈에 띄지 않지만, 다른
한편에서는 거대한 매장지가 새로 발견될 가능성도 완전히 배제할 수 없

기 때문이다. 다시 말해서 하늘 높은 줄 모르고 치솟는 국제 원자재 가격을 고려하면, 지금까지는 경제성이 없다는 이유로 외면받았던 매장지들이 이제는 수익성 높은 사업이 될 수도 있다는 것이다.

'피크 오일'(peak oil), 즉 석유 생산의 정점은 2015~2035년으로 예상된다. 그러나 이 시기는 상당히 낙관적인 전망에 따라 산정되었을 가능성이 있다. 산유국들의 진단이 모순된 부분이 있기 때문이다. 예컨대 사우디아라비아의 석유 매장량은 예상보다 훨씬 적을 가능성이 크다. 그게 사실이라면 모든 계산은 다시 이루어져야 한다. 어쨌든 거대 산유국의 3분의 2가 벌써 피크 오일에 이르렀거나 그것을 넘어선 상태이다. 영국이 그중 하나이다. 인도네시아와 오만도 과거의 생산량에 못 미친다. 게다가 새로운 유전은 대부분 매장량이 적다. 그래서 유전을 찾는 사람들의 발길은 지금까지 인간의 손이 닿지 않았던, 생태학적으로 극히 민감한 지역으로 점점 옮아가고 있다.

많은 사람들은 북극 지방으로 희망의 눈길을 보내고 있다. 심지어 미국의 몇몇 정치인들은 벌써부터 북극을 무한한 '에너지의 바다'라고 부른

다. 지금까지 개발되지 않은 석유와 천연가스의 4분의 1이 북극
에 있을 것으로 예상하기 때문이다. 그러나 이 예상은 확실치 않다.
게다가 설령 그게 사실이라고 하더라도 그처럼 예민한 자연환경에서
채굴 작업을 하는 것은 자연과 인간의 생존 자체에 무척 위험한 일이다.
그래서 개발을 하더라도 매우 엄격한 조건이 마련되어야 한다.

그런데 북극 개발에 사람들의 관심이 쏠리는 것은, 화석연료를 사용
함으로써 일어난 기후변화가 북극의 자원을 쉽게 채굴할 수 있게 만들기
때문이다. 북극과 그린란드의 얼음이 녹으면 그 밑에 매장된 자원에 접근
하기가 한결 쉬워진다. 하지만 북극 지방과 북극해에 매장된 자원에 너
무 많은 기대를 걸어서는 안 된다. 그것은 기껏해야 다른 에너지원으로
전환할 시간을 벌어 줄 뿐 자원 부족을 근본적으로 해결해 주지는 못
한다. 더구나 북극 개발은 기후변화가 더욱 심해지게 만들고 천혜의
절경을 망가뜨리는 일이다.

현재까지 알려진 유전은 미국 말고도 동유럽과 시베리아, 중
앙아시아, 중동, 중남미, 아프리카 일부 지역에 집중되어 있다.
이들 지역은 정치적으로 불안정한 곳이 많다. 서구 세계는 유전
이 이렇게 지역적으로 편중된 것이 전 세계 에너지 공급에 위
협이 될 수 있다는 사실을 1970년대 초 '석유 위기(오일 쇼크)'
를 겪으면서 실감했다. 1960년대에 석유수출국기구(OPEC)를
창설한 산유국들은 당시 아랍과 이스라엘 사이의 '욤 키푸
르 전쟁'(제4차 중동 전쟁)을 내세워 석유 수출을 전면 중단
했다. 그 결과 기름 값은 천정부지로 뛰었고, 경기 하락은
미래에 대한 불안감을 부추겼다. 독일에서는 '자동차 없는
일요일' 제도가 시행되었고, 도로는 자전거와 롤러스케이트를
타는 사람들로 붐볐다. 사람들은 기계 문명에서 해방된 뜻밖의

즐거움을 누리면서도 커다란 충격을 받았다. 자신들의 생활이 얼마나 석유에 의존해 있고, 국민 경제가 외부에 얼마나 크게 영향을 받는지 처음으로 깨달은 것이다. 그래서 사람들은 이렇게 자문했다. 언젠가 정말로 자원이 부족해지는 날이 오면 어떤 일이 벌어질까? 오늘날 이 물음은 훨씬 절박하다. 종착역이 30년 앞으로 다가왔기 때문이다.

석유, 분쟁의 씨앗

석유를 둘러싼 싸움은 오래전부터 있어 왔다. 이라크 전쟁이나 이란의 핵 문제는 하나의 예일 뿐이다. 이란의 이슬람 근본주의 정권은 풍부한 석유 덕분에 국제정치계에서 무시할 수 없는 권력을 행사한다. 세계에서 세 번째 산유국인 이란이 석유 생산을 줄이거나 중단하면 세계 경제는 곧바로 타격을 입기 때문이다. 이란의 마흐무드 아흐마디네자드 대통령도 그 사실을 잘 안다. 그래서 자신 있게 이렇게 말하는 것이다. "우리가 서양에서 필요한 것보다 서양이 우리에게서 필요한 것이 더 많다." 석유 매장량이 줄어들수록 산유국들의 힘은 더욱 강해질 것이다.

오로지 석유 하나 때문에 지극히 이례적인 정치적 협력 관계와 이상한 동맹 관계가 이루어지기도 한다. 서로 관계가 불편한 중국과 인도가 석유를 공동 탐사하기로 결정한 것이 그 예이다. 그 밖에 2003년부터 3년 동안 수단의 다르푸르에서 인종과 종교 문제로 수십만 명이 학살되었지만 국제 사회는 손을 놓고 구경만 했다. 수단에 석유가 매장되어 있고, 중국이 수단의 유전 개발에 큰돈을 투자하는 등 특별한 관심을 보이고 있는 상황으로 말미암아 국제사회의 통일된 대응을 이끌어 내기 힘들었기 때문이다.

정치인들은 자주 인권을 들먹인다. 물론 옳은 말이다. 그러나 석유와 가스 같은 문제가 개입될 경우에는 민주주의니 인권이니 하는 가치는 뒷전으로 밀려나고 만다. 아제르바이잔의 잔인한 통치자 일함 알리예프 대통령이 정치적으로 순탄한 길을 걷는 것도 모두 풍부한 지하자원 덕분이다. 독일도 국제무대에서 러시아의 눈치를 본다. 에너지의 3분의 1을 러시아에 의존하고 있기 때문이다. 최근에 러시아는 자원을 정치적 목적으로 이용하려는 의도를 여러 차례 내비쳤다. 우크라이나와의 가격 협상에서 마찰이 생기자 가스 공급을 일방적으로 중단한 것이 한 예이다. 그 결정은 서유럽에까지 큰 파장을 불러일으켰다.

아프리카에서 발생하는 내전은 거의 대부분 석유 같은 지하자원에 직간접적으로 연결되어 있다. 그런데 외부에서 이런 내전을 강력하게 부추기고 있다는 사실은 아직 세계에 제대로 알려지지 않았다.

이제 모든 나라가 석유와 천연가스의 경제적·정치적 중요성을 충분히 인식하고, 그 때문에 분쟁의 골이 깊어질 수 있다는 것을 잘 알게 되었다. 그래서 강대국들은 화석연료와 지하자원이 풍부한 모든 지역을 눈여겨 살피고 있다. 에너지 확보는 미래의 중요한 전략적 과제이다. 책임 있는 정치인들은 자원 확보를 위한 '에너지 외교'니 '외교력의 투입'이니 하는 말들을 공공연히 입에 올린다. 그러므로 지구의 평화를 위해서라도 에너지의 절약과 효율적 이용, 새로운 대체 에너지의 개발은 꼭 필요하다.

자원이 부족한 나라

우리나라처럼 자원이 빈약한 나라는 지구의 자원이 바닥나는 상황을 더더욱 불안한 눈으로 바라볼 수밖에 없다. 우리나라의 에너지 소비는 연평균 7.5퍼센트 이상 가파르게 증가하였다. 최근 경제성장이 둔화되었음에도 에너지 소비는 높아진 것으로 보아 에너지 효율마저 떨어진 것으로 나타난다. 한국의 1인당 에너지 소비량은 일본이나 독일의 1.5배가 넘는다.

현재 우리나라는 에너지 수요의 65퍼센트를 석유와 천연가스에 의존한다. 거기서 발생하는 단점들, 즉 가격 상승과 더불어 불안하고 비민주적인 산유국들에 대한 종속, 그리고 대기 오염 등은 한국 경제에 지속적인 위험이 되고 있다. 이러한 현실을 기꺼이 감수할 마음이 없다면 거기서 벗어날 방법을 찾아야 한다.

중장기적으로 가장 효과적인 방법은 오로지 하나밖에 없다. 우리의 생활방식과 경제 체제를 바꾸어 석유에 대한 의존성에서 벗어나는 것이다. 지난 수십 년간 석유 덕분에 안락한 생활을 누려 왔던 우리에게는 무척 힘든 일일 것이다. 그러나 피크 오일이 언제가 됐건 어차피 우리는 검은 황금과 작별을 고해야 한다. 현재 40세 이하인 사람들은 석유의 고갈을 경험하고 그 고통을 견뎌 내야 할 것이다. 석유 시대의 종말은 더 이상 먼 미래의 암울한 풍경이 아니라 벌써 손에 잡힐 듯 가까이 다가와 있다. 물론 자원의 고갈이 단순히 위기만을 의미하지는 않는다. 에너지 공급 분야에서 새로운 해결책을 모색하려는 창조적인 사람들에게는 하나의 자극이자 도전이기도 하다.

아끼고, 아끼고, 또 아끼고

석유의 종말에 대비하는 첫 단계로서 전문가들은 에너지의 구성을 바꾸고 에너지의 효율성을 높일 것을 추천한다. 즉 다른 에너지원으로 교체하고, 적은 양의 에너지로 더 많은 것을 해내라는 것이다. 간단히 말하면 아끼고, 아끼고, 또 아끼고, 에너지를 지혜롭게 사용하자는 뜻이다. 자원을 좀 더 효율적으로 사용하는 방법에는 기술적 가능성들이 아직 많이 존재한다. 예를 들어 아직도 전기만 생산하고 거기서 발생한 열을 그냥 버림으로써 50퍼센트 이상 에너지를 낭비하는 발전소들이 많다. 이런 발전소를 열 병합 발전 방식으로 바꾸어, 전기 생산 과정에서 나온 폐열을 지역난방이나 다른 공정에 투입하면 연료도 줄이고 에너지 효율도 높일 수 있다.

발전소는 어떻게 돌아갈까? 발전소는 경제의 핵심이다. 전기 없이는 아무것도 돌아가지 않기 때문이다. 발전소는 천연가스와 석탄, 바이오매스 같은 1차 에너지를 여러 과정을 거쳐 유용한 에너지로 바꾸는 시설이다. 이를테면 첫 단계에서는 가스에 함유된 에너지가 열에너지로 전환된다. 즉, 가스를 연소시킨다는 말이다. 이 열에너지로 물을 가열해서 증발시킨 다음 증발된 수증기에 압력을 가한다. 뜨거운 증기의 압력은 터빈의 회전바퀴를 돌리고, 그 힘이 다시 발전기를 움직인다. 발전기는 마침내 회전바퀴의 운동 에너지를 전기 에너지로 바꾼다. 발전소의 이런 작동 원리는 그동안 점차 개선되어 지금은 전기를 생산하고 남은 열을 난방용으로 이용하기도 한다. 열 병합 발전 방식으로 가동하는 지역난방이 그렇다. 이 방식은 화석연료의 열을 90퍼센트 이상 활용하는 꽤 괜찮은 방식인데도 여전히 당연한 것으로 받아들여지지 않고 있다. 대규모 발전소들은 대개 폐열을 그대로 냉각수로 보낸 다음 냉각탑을 통해 외부로 배출한다. 에너지가 아깝게 버려지고 있는 것이다.

에너지 절약은 대중교통 시설에 대한 투자와 같이 국가적인 차원에서만 이루어지는 것이 아니다. 개개인도 훨씬 많은 것을 할 수 있다. 예를 들어 전자 제품이 대기 상태일 때의 소모 전력은 0.5~10와트인데(국제에너지기구에 따르면, 이것을 1와트로 통일시키면 전력 소비량을 5~10퍼센트 줄일 수 있다고 한다), 각 가정에서 텔레비전과 프린터, 컴퓨터에 연결된 플러그를 뽑으면 꽤 많은 전기를 아낄 수 있다. 그리고 최근에 만들어진 냉장고나 텔레비전은 예전 것들보다 60퍼센트까지 에너지가 덜 든다. 그러므로 전자 제품을 구입할 때 전력 소모량을 따져서 고르는 것은 가정 경제와 국가 경제뿐 아니라 자연환경도 함께 생각하는 바람직한 행동이다.

에너지를 절감할 수 있는 또 다른 큰 가능성은 실내의 열 관리에 있다. 전체 에너지의 약 3분의 1이 가정에서 소비되고 있기 때문이다. 그래서 벽에 우수한 단열재를 설치하고 난방을 효율적으로 운영하는 것만으로도 작은 기적이 일어난다. 물론 아직도 많은 집주인들이 에너지 절약형 창문과 문에 투자하기를 꺼린다. 그러나 석유와 가스 가격이 오를수록 그런 투자가 오히려 이득이 된다는 것을 깨달을 것이다. 겨울에 실내에서 옷을 하나 더 껴입는 것도 큰 차이를 만든다. 실내 온도를 1℃ 올릴 때마다 에너지 소비량은 6퍼센트 정도 늘어나기 때문이다. 블라인드를 내리거나 커튼을 치면 창문으로 빠져나가는 에너지를 4분의 1 이상 줄일 수 있다. 이런 의식적인 에너지 절감만으로도 2050년까지 에너지 소비를 지금의 반으로 줄일 수 있다고 한다.

게다가 날로 진화하는 기술 덕분에 에너지 절감의 가능성은 더욱 커지고 있다. 이는 선진국뿐 아니라 고속 성장의 기관차를 타고 앞만 보고 달려오다가 이제야 잠시 숨을 멈추고 에너지 문제에 신경을 쓰기 시작한 고성장 개발도상국과 다른 일반 개발도상국들에도 똑같이 적용되는 이야기이다. 예컨대 중국은 국민총생산 기준으로 유럽보다 최소한 5배나 많은 에너지를 소비하는데, 상황이 이렇다 보니 중국도 에너지 절약형 상품에 관심을 기울이지 않을 수 없다.

에너지 절감에 관한 연구자들의 아이디어와 소비자들의 창의력은 무궁무진하다. 에너지가 고갈된다고 앓는 소리를 해 봤자 어차피 문제 해결

저에너지 하우스 일반 가정이나 건물에서는 아깝게 버려지는 에너지가 많다. 실내의 열이 문 틈새와 창문, 얇은 벽, 질 나쁜 벽돌을 통해 빠져나가는 것이다. 건물의 내부와 외부에 효과적으로 단열 처리만 해도 에너지를 최대 90퍼센트까지 줄일 수 있다. 이것을 '저에너지 하우스'라고 하는데, 아직까지는 명확한 개념으로 정리되지 않았다. 에너지 절약형 건물인 '패시브 하우스'(passive house)는 탁월한 단열 처리로 난방에 쓰이는 에너지가 아주 적은 건물이나 집을 말한다. 이보다 발전한 단계가 '제로 에너지 하우스'와 '플러스 에너지 하우스'이다. 이런 건물들은 에너지를 전혀 사용하지 않거나, 오히려 에너지를 만들어 내는데, 대부분 효율적인 단열과 재생 에너지를 이용한다. 이런 집을 지으면 에너지 비용을 절감하는 것은 물론이고, 남는 에너지를 팔아 부수입까지 챙길 수 있다.

에는 아무 도움이 되지 않는다. 이제 우리는 화석연료를 있는 그대로 볼 줄 알아야 한다. 소중하지만 무한하지 않고, 그러면서도 우리의 환경에 부담을 주는 자원이 화석연료인 것이다. 우리가 현재 남은 자원들을 훗날을 위해, 예를 들어 중요한 화학 산업을 위해 남겨 두는 지혜를 발휘할수록 다른 에너지원으로 대체할 시간은 더 길어진다. 우리가 예상하는 최선의 시나리오는 기후를 보호하면서 에너지도 안정적으로 확보하는 것이다.

산산이 부서진 희망

히로시마와 나가사키에 투하된 원자폭탄으로 20만 명 이상이 목숨을 잃은 지 몇 년 지나지 않았을 때이다. 아직 사람들의 머릿속에 당시의 기억과 충격이 선명하게 남아 있던 1953년 12월 8일, 제2차 세계대전을 끝내기 위해 일본에 원자폭탄 투하를 명령한 바로 그 아이젠하워 미국 대통령이 전 세계인의 이목을 집중시키는 연설을 했다. '평화를 위한 원자력'이라는 제목으로 유엔총회에서 연설을 한 것이다. 이 연설문에는 원자력의 평화적인 이용에 관한 이상이 담겨 있었다. 원자력 기술의 목표는 무기 생산과 살상, 파괴가 되어서는 안 되고 인류 문명의 발전에 밑거름이 될 에너지를 대량으로 값싸게 생산하는 것이어야 한다는 것이다. 아이젠하워의 연설에 전 세계는 감동했고, 열광적으로 환호했다. 위대한 철학자 에른스트 블로흐조차 당시에 이렇게 썼다. 핵에너지는 "평화의 푸른 대기 속에서 황무지를 비옥한 땅으로, 얼어붙은 겨울을 봄으로 만들 것이다."

　그렇다면 안전 문제에 대한 의심은 있었을까? 없었다. 당시에 모두들 관심을 기울였던 것은 과연 핵을 에너지로 활용할 기술력을 개발할 수 있느냐 하는 문제였다. 핵폐기물을 어떻게 처리하고 어디에 저장할지는 문제가 되지 않았고, 핵무기로 악용될 가능성도 국제 협정으로 얼마든지 막을 수 있다고 생각했다. 당시에는 원자력으로 움직이는 자동차도 만들 수 있다고 믿었고, 집집마다 소형 원자로를 설치하는 것도 황당한 것으로 여겨지지 않았다. 그래서 원자력에 홀딱 빠진 입안자들은 전 세계에 6000여 개의 원자력 발전소를 세우는 꿈에 부풀어 있었다.

그러나 지금 상황은 완전히 다르다. 오늘날 전기를 생산하는 원자력 발전소는 약 440개뿐이고, 30여 개는 건설 중이고 나머지는 계획 단계에 있다. 당시의 희망은 산산이 부서졌고, 안전하고 값싸게 에너지를 확보한다던 원자력이 오히려 사회 전체를 분열시키고 있다. 원자력에 대한 여론이 갑자기 바뀐 결정적인 계기는 1986년 4월 26일 소련 체르노빌에 있던 원자로 건물에서 발생한 강력한 폭발 사고였다. 사고 과정은 이랬다. 원자로를 점검하다가 냉각수 정체 현상이 발생했고, 그 때문에 핵 연료봉이 과열되었다. 그것이 연쇄 반응을 일으켜 결국 핵분열이 일어났고, 흑연을 감속재로 사용하는 원자로까지 공격해서 방사성 물질이 유출되었다. 이렇게 유출된 방사성 물질은 바람을 타고 넓게 퍼져 나갔다. 당시 소련 당국이 사고 장소를 통제하기까지는 2주가 걸렸다. 희생자가 정확히 몇 명인지는 지금도 의견이 엇갈리지만, 공식적으로는 31명, 비공식적으로는 수천 명에 이른다. 이 사고의 여파로 인근 지역에서 수많은 기형아들이 태어난 것은 또 다른 비극의 출발점이었다. 지금까지는 체르노빌이 원자력 역사상 최악의 방사능 유출 사고로 기록되고 있지만, 그 기록이 언제 깨질지는 아무도 모른다.

이 사고가 일어난 뒤 상황이 급변했다. 수년 동안 원자력 발전소는 더 이상 건설되지 않았고, 몇 군데는 폐쇄되기까지 했다. 물론 기존 원자력 발전소의 가동을 연장하는 곳도 있었다. 예를 들어 미국에서는 원자력 발전소 100군데 이상이 연장 가동을 결정했다. 반면에 독일에서는 이전의 원자력 정책에서 핵심 사항 몇 가지가 수정되었고, 이미 계획되어 있던 폐연료봉 재처리 시설 건설도 중단되었다. 그리고 라인 강 유역의 칼카르에 세우기로 했던 고속 증식로[27]도 취소되었다. 핵폐기물 보관 문제도 지금까지 격렬한 논쟁과 대립을 부르고 있다. 핵폐기물을 어디에 보관해야 수천 년 동안 안전하게 보관할 수 있을까? 암염층 동굴에? 아니면 화강암이나 진흙 속에? 그것도 아니면 사람이 살지 않는 고비 사막 같은 곳에?

그동안 다른 주장들이 다시 전면에 등장했다. 미래의 엄청난 에너지 수요를 생각할 때 과연 핵에너지를 포기할 수 있을까? 게다가 핵에너지는 화석연료에 비해 환경오염이 적지 않은가? 재생 에너지와 대체 에너지의 실용화, 그리고 새롭고 안전한 에너지 기술과 에너지 절약으로 원자력이 더 이상 필요하지 않을 때까지는 핵에너지가 과도기의 합리적인 해결책이 될 수 있지 않을까? 이것은 더 이상 정치인들에게만 해당되는 문제가 아니라, 일반 국민들 사이에서도 뚜렷하게 의견이 갈리는 중요한 문제이다.

그러나 어떤 입장이 됐건 한 가지 사실에는 이견이 없다. 원자력 발전소는 최대한 안전하게 운영되어야 한다는 것이다. 기술적으로 앞선 나라들이 원자력 안전에 관한 연구와 혁신, 투자를 아끼지 말아야 한다. 남아프리카에서 터키, 이란, 인도, 파키스탄, 중국에 이르기까지 점점 많은 나라들이 핵에너지를 이용하려고 하기 때문이다.

핵폐기물을 안전하게 보관하는 문제도 마찬가지이다. 핵폐기물의 최종 저장고 문제를 외면한 채 계속 이곳저곳 옮기면서 보관하는 것은 아무 소용이 없다. 그것은 문제를 해결하기보다 더 악화시킬 뿐이다. 위험성이 낮은 대체 에너지를 개발할 때까지만 핵에너지를 이용하겠다는 것도 앞뒤가 맞지 않는다. 지난 수십 년 동안 원자력 열풍에 막대한 돈을 쏟아 붓게 하고, 핵에너지로 이 세상의 에너지 문제를 근본적으로 해결할 수 있을 거라는 환상을 심어 놓고선 이제 와서 무슨 딴소리란 말인가! 그런 환상 때문에 재생 에너지에 대한 투자는 뒷전으로 밀려났고, 심지어 쓸데없는 것에 신경을 쓴다고 무시당하기 일쑤였다. 핵에너지에는 수십억 달러의 공적 자금이 투입된 반면, 대체 에너지의 연구 개발에는 아주 적은 자금밖에 지원되지 않았다.

결론은 이렇다. 우리가 재생 에너지와 에너지 절약, 청정 탄소 기술에 전폭적으로 투자할 준비가 되어 있을 때에야 핵이 없는 세상이 온다. 원자력의 확산은 결코 안전하고 지속가능한 미래가 될 수 없다. 따라서 우리는 현실적인 단기 목표를 세워 핵에너지 없는 시대를 준비해 나가야 한다.

어떤 사람들은 핵융합 기술에서 진정한 기적을 바라기도 한다. 지금까지 연구한 바에 따르면 핵융합은 핵분열보다 위험하지 않다고 한다. 원자핵의 융합에서 나오는 폐기물은 물뿐이기 때문이다. 그러나 현재의 연구 상황은 핵융합 과정에서 방출되는 에너지를 실제로 이용할 수 있는 단계까지 가지 못했다. 핵융합을 일으키는 데는 성공했지만 마지막에 에너지가 산출되도록 조종하지는 못하고 있다. 그럼에도 몇몇 전문가들은 21세기 말이면 핵융합 원자로가 가동될 수 있을 거라고 믿는다. 물론 다른 한쪽에서는 핵융합으로 에너지가 충분히 생산될 수 있을지 여전히 의문을 가지고 있다.

핵에너지를 둘러싼 논쟁은 세계 곳곳에서 계속되고 있고, 또 계속되어야 한다. 과학 기술은 응용 과정에서 고도의 책임감과 완벽성, 독립적인 감독기관이 꼭 필요하다. 그래서 사회의 다른 의견들과 맞서 싸워 정당성을 확보하거나, 잘못된 것이라면 내쳐져야 한다. 어쨌든 '평화를 위한 원자력'에 이상을 품었던 것처럼, 모든 위험성을 도외시한 채 먼저 열광부터 하는 것은 그런 민감한 기술을 다루는 데 책임 있는 태도가 아니다.

미래의 대안

석유와 석탄, 천연가스 같은 화석연료 다음에는 어떤 시대가 올까?
우리가 최대한 절약하고 에너지 효율성을 높인다고 하더라도
석유는 언젠가 마지막 한 방울까지 다 써 버릴 테고, 천연가스와
석탄도 결국 바닥을 드러낼 것이다. 그렇다고 자원이 고갈될
때까지 두 손 놓고 기다릴 수는 없다. 오히려 현재 진행되는
기후변화의 속도를 감안하면 우리 스스로 빨리 화석연료와 작별을
해야 한다. 그런 뒤엔 어떻게 할까? 화석연료, 특히 석유를 완전히
대체할 수 있는 대안은 아직 보이지 않는다. 물론 태양 에너지를
비롯해서 수력과 풍력, 지열, 바이오매스 따위 우리가 좀 더
철저하게 연구해야 할 몇몇 에너지가 있기는 하다. 그런데 이런
대체 에너지들은 어디서나 효율적으로 만들어 낼 수 있는 것이
아니다. 저마다 목표에 맞는 개발과 지원이 필요하다. 우리가
하루라도 일찍, 그리고 좀 더 광범하게 재생 에너지를 이용할수록
남은 화석연료를 조금이라도 더 오래 쓸 수 있을 뿐만 아니라,
순조롭고 효율성 있게 대체 에너지로 전환할 수 있을 것이다.

고속도로나 주요 도로에는 규정 속도 이상으로 달리는 운전자들을 골라내는 무인 과속 감시 카메라가 있다. 그런데 전기로 움직일 것 같은 이 카메라의 주위를 아무리 둘러봐도 전선 같은 것은 보이지 않는다. 그렇다고 건전지를 넣는 칸이 있는 것도 아니다. 열쇠는 바로 햇빛이다. 우주 최대의 에너지원인 태양빛을 받아 움직이고 있는 것이다. 지구가 하루에 태양으로부터 받는 에너지는 인간이 20년 동안 이 세상 모든 운송 수단을 움직이고, 모든 공장에 에너지를 공급하고, 모든 가정에 난방을 공급하고도 남는 정도라고 한다. 그렇다면 석유를 대체할 후보들 가운데 이만한 것이 있을까? 비록 지역에 따라 차이는 있지만, 햇빛은 세상 어디에나 무한히 존재하고 깨끗하면서도 친근하다. 문제는 이 태양 에너지를 수집하고 저장하고 이용하는 방법이다.

요즘은 햇빛을 이용해서 전기와 열을 생산한다. 전기 생산을 가능케 한 밑바탕은 '광전지' 또는 'PV'라 불리는 태양전지이다. 방식을 설명하면 이렇다. 집열판이 빛을 흡수하면, 전자가 함유된 집열판의 전지들이 빛에너지에 자극을 받아 전기 에너지를 생산하는 것이다.

열에너지 생산은 태양이 고무관을 데우면 그 안의 물이 따뜻해지는 것과 비슷한 원리로 이루어진다. 다만 태양열 생산에서는 집열기가 고무관 역할을 대신한다. 이것이 태양열 발전이다. 빛에너지를 전기로 바꾸는 태양광 발전이든, 열로 바꾸는 태양열 발전이든, 둘 다 가능성이 무한하고 전망도 무척 밝다. 오늘날 일상에서 사용하는 기기들, 예를 들어 계산기, 휴대폰, 라디오, 환풍기는 어렵지 않게 태양광 방식을 활용할 수 있다. 다만 태양전지와 그 밖의 장비를 설치하기 위해서는 햇빛이 충분하고 장비들이 눈에 거슬리지 않는 공간이 있어야 한다. 예를 들어 전자 제품 속이나 집의 지붕, 벽면, 방음벽, 물탱크, 버스 정류장 따위가 그런 곳이다. 하늘 높은 줄 모르고 뛰는 원유 가격 때문에 빛에너지로 만들어지는 전기 에너지와 열에너지에 대한 관심은 점점 높아지고 있다.

전문가들은 빛에너지를 이용하는 것이 그 에너지원 자체만큼이나 무한하다고 여긴다. 태양 에너지는 모든 대체 에너지의 으뜸이다. 단점은 거의 없고 장점만 있기 때문이다. 태양 에너지는 아무것도 태우지 않기에 기후에 부담을 주지 않고, 점점 부족해지는 물조차 쓰지 않는다. 또한 지구상 어디에서도 쉽게 얻을 수 있고, 석유를 무기로 배짱을 튕기는 나라에 허리를 굽히지 않아도 된다. 더구나 태양 에너지는 핵에너지처럼 위험하지도 않고 무기화할 수도 없으며, 화석연료처럼 분쟁이 일어날 염려도 없어서 세계 평화에도 큰 도움이 된다. 학자들의 계산에 따르면 미국이 소비하는 전체 전력은 160제곱킬로미터의 사막에 태양전지를 설치하는 것으로 충분하다고 한다. 햇빛이 상대적으로 많지 않은 독일도 태양 발전 설비를 제대로 갖추고 기술 발전과 국가 지원이 착실하게 이루어진다면, 전력 소비량의 많은 부분을 태양 에너지로 충당할 수 있을 것으로 보인다.

이런 낙관적인 전망에도 세계 곳곳의 전등이 아직도 대부분 석유와 석탄, 천연가스로 환히 밝혀지는 이유는 무엇일까? 경제적인 이유에서이다. 태양열 전기가 석탄이나 가스로 생산되는 전기보다 비싸기 때문이다. 물론 석탄이나 가스로 생산되는 전기에 이산화탄소 배출 비용을 포함하면 이야기는 달라진다. 어쨌든 현재 태양열 전기는 다른 에너지원으로 만들어지는 전기에 비해 생산 원가가 2배가량 비싸다. 그러나 10년 전에 비하면 반 정도 싸졌고, 유가가 치솟는 데다 태양열 전기의 성능이 크게 개선되고 국가의 전폭적인 지원을 받을 것을 고려할 때 앞으로는 더욱 싸질 전망이다.

재생 에너지

태양 에너지는 다른 화석연료와 달리 언젠가 고갈되는 것이 아니라 무한에 가깝도록 다시 공급되는 에너지원이다. 이처럼 자연 과정 속에서 계속 다시 생성된다고 해서 재생 에너지라고 한다. 에너지원의 이런 무한성 때문에 태양열과 조력[28], 파력[29], 풍력, 지열, 그리고 해마다 증가하는 바이오매스는 가장 앞날이 밝은 미래의 에너지원이다.

물론 재생 에너지는 어디서나 똑같을 수는 없다. 태양광 발전소는 지구의 '태양 지대'로 일컬어지는 남북 반구의 위도 20~40도 사이에서 최고로 좋은 성과를 낸다. 그런가 하면 바람은 북해에서 특히 세고 규칙적으로 분다. 따라서 대체 에너지는 각 지역의 환경 조건에 맞추어 가장 알맞은 것을 찾아야 한다. 지역을 뛰어넘어, 북아프리카의 '태양 지대'와 유럽의 기술을 연결하여 공동으로 대체 에너지를 개발하는 방안 같은 것도 한번 생각해 볼 수 있다.

한국은 2퍼센트 정도인 재생 에너지 비율을 2011년까지 5퍼센트로 늘리겠다는 목표를 추진하고 있다. 유럽연합은 전체 에너지 소비 가운데 재생 에너지가 차지하는 비율이 현재 약 7퍼센트이다. 이 비율을 2020년까지는 20퍼센트로 높이고, 21세기 중반까지는 50퍼센트가 넘게 해야 한다는 강력한 정책 목표까지 제시하고 있다. 물론 이런 목표를 달성하려면 투자와 기술 발전, 여론 수렴 같은 막대한 노력이 선행되어야 한다.

고전적인 재생 에너지

수력은 고전적인 재생 에너지로, 낙하하는 물 에너지를 전기 에너지로 바꾸는 방식이다. 이를 위해서는 물의 낙차가 필요한데, 낙차를 크게 하려고 높은 곳에 제방을 쌓아 물을 가두는 경우가 많다. 그런데 수력의 조건이 세계 어디서나 똑같지는 않다. 어떤 곳은 물이 부족하고 어떤 곳은 낙차가 충분치 않다. 그래서 대규모 댐을 짓는 바람에 심각한 환경 문제가 발생한다. 예를 들어 물고기와 식물의 생태계가 파괴되고, 인근 지역 전체가 물에 잠기고, 마을 주민들은 모두 이주해야 한다. 극단적인 경우, 댐을 세움으로써 그곳에서 살던 주민들은 삶의 터전과 일자리까지 몽땅 잃고, 비옥한 땅이 물에 잠겨 사라지기도 한다. 그뿐만이 아니다. 댐이 만들어진 뒤에도 빗줄기에 자갈과 흙이 씻겨 내려가 댐의 수위가 높아진다. 그러면 댐 바닥을 정기적으로 청소해야 하는데, 여기에도 막대한 비용이 들어간다.

현재 전 세계적으로 수만 개의 댐이 만들어져 있는데, 그중 대부분이 중국에 있다. 중국은 지난 50년 동안 외부에서 받은 개발도상국 지원금을 어떤 프로젝트보다 댐 건설에 많이 던져넣었다. 오늘날 제3세계는 수력의 장점을 이제 막 발견한 것처럼 열광하고 있다. 유럽은 수력의 잠재력을 75퍼센트까지 다 써 버린 반면에, 아시아는 25퍼센트, 아프리카는 7퍼센트도 채 사용하지 않았다. 아프리카는 아직도 전기 혜택을 받지 못하는 사람이 수백만 명이고, 어떤 지역은 전기 보급률이 5퍼센트에도 미치지 않는다. 이런 현실을 감안하면 에너지원으로서 댐의 전망은 여전히 유망해 보인다. 비록 막대한 투

자 비용과 환경 피해, 그리고 이주민들로 인한 심각한 사회 갈등이 초래된다고 하더라도 말이다. 그러므로 댐을 건설할 때는 양심적으로 계획을 세우고, 수몰 지역 주민들의 이야기를 진지하게 들어주는 것이 중요하다.

댐을 건설하기 전에 환경 영향 평가와 사회 갈등에 대한 조사가 먼저 이루어져야 한다. 해당 지역 주민들에게 건설 계획을 미리 알리고, 건설 후의 결과를 솔직하게 털어놓고, 주민들이 전체 과정에 함께 참여할 수 있도록 해 주어야 한다. 오늘날 대부분의 전문가들은 대도시가 아니라 작은 지방이나 마을별로 전기를 공급할 수 있는 소규모 수력 시설을 추천한다.

밀물과 썰물의 차이를 이용한 조력도 대표적 재생 에너지이다. 그러나 전 세계적으로 조력 발전소를 세우기에 적합한 곳은 30여 군데뿐이다. 우리나라의 서해도 조수 간만의 차가 커 조력 발전의 가능성이 높다. 하지만 조력 기술은 아직 걸음마 단계라 대규모 투자가 필요하다. 세계적으로 어느 정도 꼴을 갖춘 해상 에너지 공원이 만들어지려면 빨라도 15년은 걸릴 것으로 보인다.

풍력 발전

재생 에너지 가운데 풍력은 다른 재생 에너지보다 전망이 밝은 편이다. 실제로 100여 년 전만 해도 사람들은 풍력을 무척 적극적으로 이용했다. 범선이든 풍차든 풍력 펌프든, 옛날 사람들은 바람의 장점을 일찍부터 알아챘고, 그것을 특정 목적에 맞게 응용할 줄 알았다. 1900년 무렵에는 북부 독일에만 3만여 개의 풍차가 있었다. 그러던 것이 화석연료로 만든 값싼 전기가 대량으로 보급되면서 풍차는 차츰 사라졌다. 그런데 이제 사람들이 바람의 힘을 다시 기억하기 시작했다.

오늘날의 풍력기는 옛날 풍차를 발전시킨 형태인데, 회전 운동으로 바로 전기를 생산한다. 게다가 그동안 100미터 높이까지 설치할 수 있게 되었기 때문에 더 강하고 더 고른 바람을 이용할 수 있다. 기술의 발달로 풍력기를 더 높이 설치할 수 있으면 생산성도 그만큼 더 높아질 것이다.

몇 년 전 '해상 풍력 발전 단지'라고 해서 바다에 풍력기를 설치하는 작업이 이루어졌다. 해안에서 20~25킬로미터 떨어진 바다는 바람이 세서 육지보다 풍력의 효율성이 훨씬 크기 때문이다. 하지만 비용은 훨씬 더 들어간다. 풍력기를 바다 밑에 고정해야 하고, 육상 네트워크와 연결해야 하고, 고장이 나면 직접 바다에 나가 고쳐야 하기 때문이다. 또한 그렇게 얻은 에너지를 저장하는 데에도 많은 어려움이 따른다.

독일은 시설 지원과 체계적인 전력망 연결로 머잖아 전기 수요의 15퍼센트를 풍력으로 채울 계획이다. 2006년에는 전기의 12퍼센트가 재생 에너

시계 방향으로 도는 풍력기 풍력기의 작동 원리는 아주 간단하다. 바람개비에 후 하고 바람을 불면 돌아가는 것과 같은 원리이다. 다시 말하면, 발전기와 연결된 회전 날개가 돌아감으로써 바람의 운동 에너지가 전기로 바뀌는 것이다. 풍력 발전 시설은 바다든 육지든, 한대 지역이든 열대 지역이든 할 것 없이 어디에나 설치할 수 있다. 높이가 120미터에 이르는 거대한 탑 같은 시설도 있지만, 개인 주택에 설치할 수 있는 앙증맞은 것도 있다. 하지만 풍력 에너지는 고르지 못한 바람 때문에 일정하게 전력을 공급하지 못하는 단점을 가지고 있다. 그래서 다른 에너지원이나 에너지 저장 시설과 함께 사용해야 전력 공급이 중단되지 않는다. 독일의 경우 현재 2만여 개의 거대한 풍력기가 돌아가고 있다. 그런데 풍력기는 언제나 시계 방향으로 돈다. '곤델'이라고 하는 풍력기의 머리 부분은 회전 날개와 함께 360도 회전할 수 있어서 바람이 어느 방향에서 불든 적응할 수 있다. 그것은 회오리바람이 불어도 마찬가지이다. 그러니까 과학적인 이유에서 그렇게 만들어졌다기보다는 처음에 풍력기를 만든 사람들이 회전 날개를 한 방향으로 돌리자고 합의한 것으로 보인다.

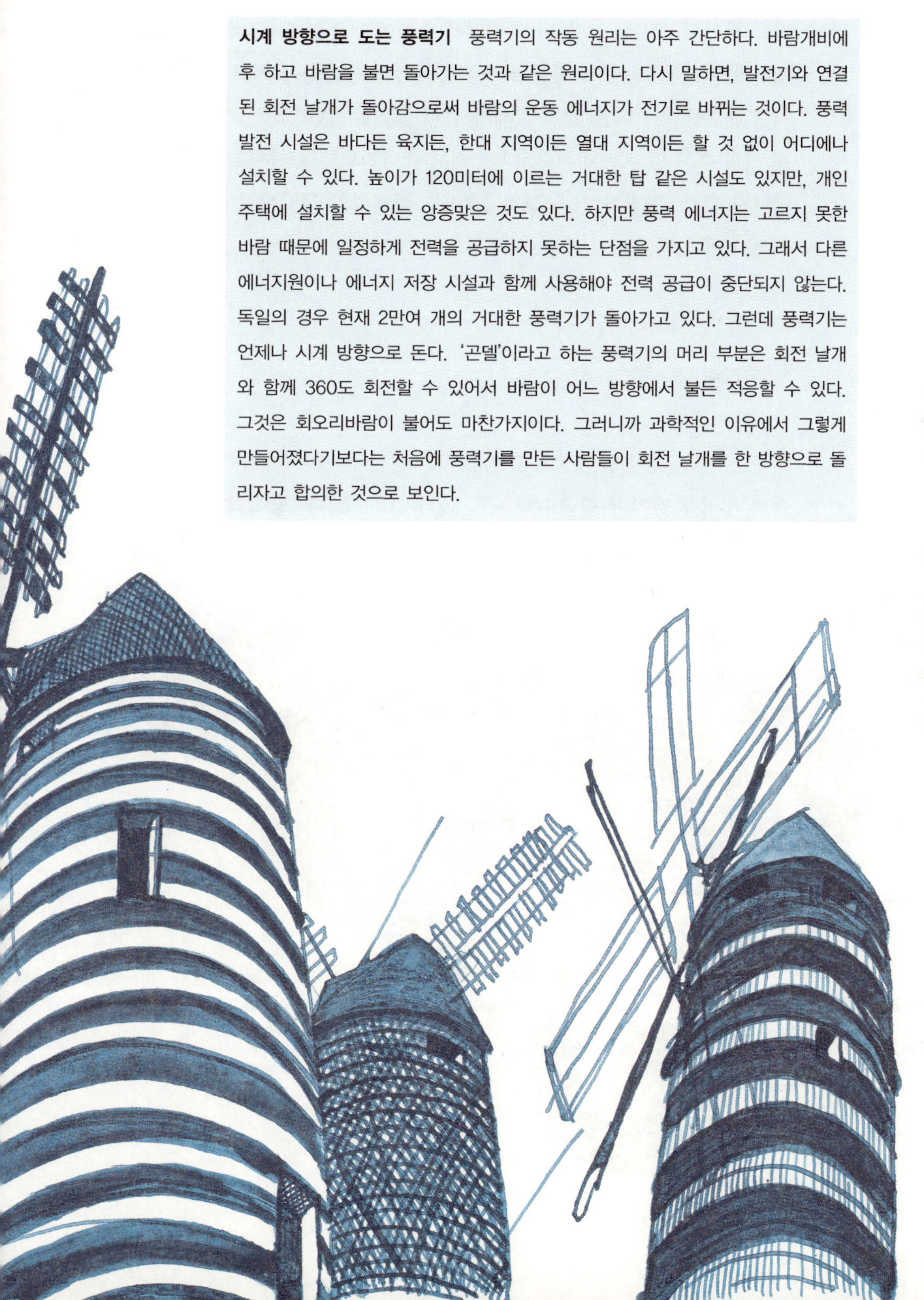

지로 생산되었는데, 그중 반 가까이를 풍력에서 얻었다. 그러나 풍력에 반대하는 의견들도 있다. 흉물스러운 풍력기가 경관을 해치고 소음을 발생시킬 뿐 아니라, 회전 날개에 새가 빨려 들어갈 수도 있고 기류에 악영향을 끼칠 수도 있다는 것이다. 다른 재생 에너지와 마찬가지로 풍력 발전도 에너지 확보, 환경과 기후 보호, 그리고 경제성의 문제까지 모두 함께 따져 보아야 한다.

땅속의 오븐

지구는 땅속 깊이 들어갈수록 점점 뜨거워진다. 중부 유럽의 경우 100미터씩 내려갈 때마다 평균 3℃ 정도 올라간다고 한다. 땅속의 열은 무한하

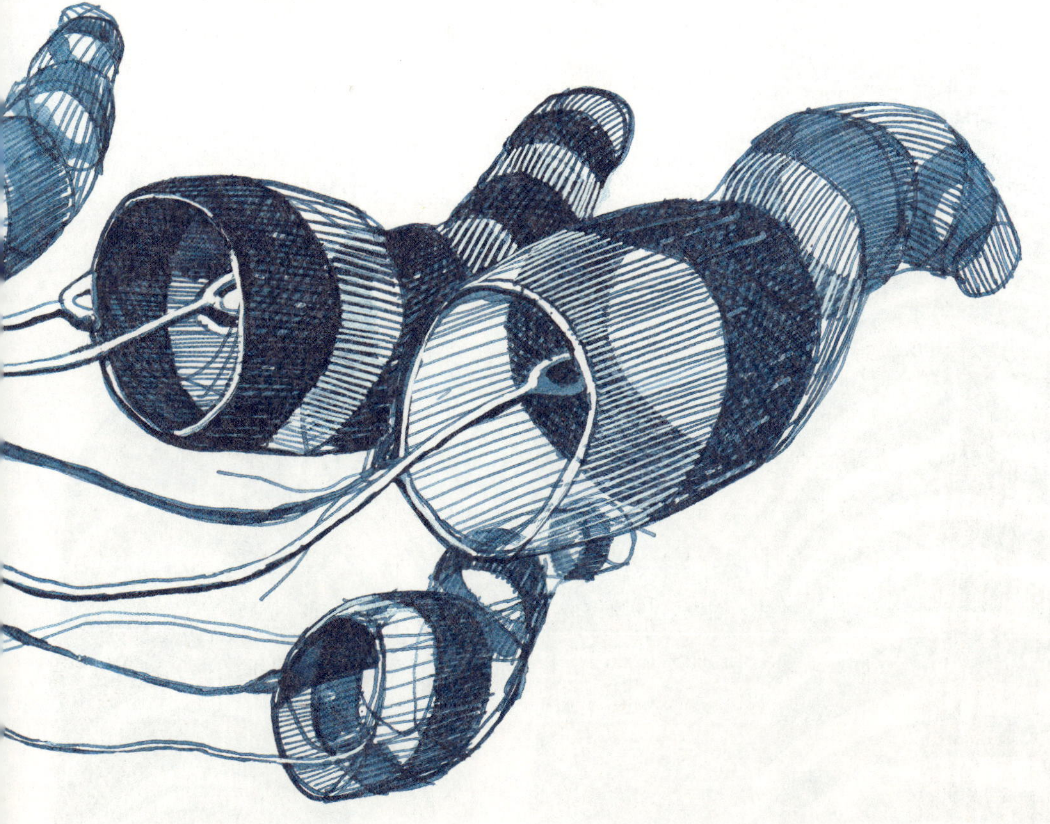

땅속열 독일 베를린 국회의사당 밑 땅속 수도관에서는 벌써 몇 년 전부터 지열을 이용해서 겨울에는 난방을, 여름에는 냉방을 하고 있다. 그 방식을 설명하면 이렇다. 먼저, 식물성 기름으로 돌아가는 지역난방 발전소 두 곳에서 전기와 온수를 생산한다. 거기서 남은 폐열이 뜨거운 물이 되어 대수층으로 보내진다. 대수층은 지하수가 있는 지층인데, 두꺼운 점토층 덕분에 외부와 잘 차단되어 있다. 그래서 인위적으로 만들어진 열바람이 겨울까지 몇 개월 동안 그대로 유지되다가 지상의 건물에 난방을 시켜 준다. 땅속 50미터 지점에는 여름철 냉방을 위해 또 다른 지하 수도관이 묻혀 있다. 여기서도 운송과 저장 수단으로 쓰이는 것은 물이다. 다만 작동 원리는 난방과 정반대이다. 겨울 날씨로 차가워진 물은 땅속에서 그 온도 그대로 유지되다가 여름에 냉방 시설에 차가운 바람을 공급한다. 대수층 저장고는 작동이 간단하고 비용이 저렴해서 매력적이다. 특히 태양열 집열판 같은 다른 재생 에너지와 연결해서 운영하면 더욱 효과적일 것이다.

다. 자연의 방사성 동위원소가 끊임없이 붕괴되면서 생기는 것이 지열인데, 이 붕괴 과정이 앞으로도 수십억 년 동안 계속될 것이기 때문이다. 그렇다면 이 열에너지를 어떻게 이용할 수 있을까? 그러려면 먼저 열을 끌어 올릴 운송 수단이 필요하다. 대개 물이 그 역할을 한다. 이를테면 지열이 온천의 형태로 저절로 올라오는 것이다. 아니면 사람이 인공으로 찬물을 깊은 지층으로 내려 보내 뜨겁게 데운 다음 다시 펌프로 끌어 올려 난방에 이용하거나 발전소로 보내 전기를 생산하는 방법이 있다.

땅속 깊은 곳에 있는 열만 중요한 것이 아니라 지표면에서 가까운 지층의 열도 잠재력이 크다. 열 교환기를 설치하면 온도 차이가 크지 않아도 겨울에는 각 가정에 난방을 할 수 있고 여름에는 냉방 시설을 돌릴 수 있다.

태양 에너지나 풍력과는 달리 지열은 1년 365일 밤낮으로 이용할 수 있는 장점을 가지고 있다. 따라서 지열은 장기적인 에너지 공급 정책에 무척 중요한 역할을 할 것으로 보인다. 물론 깊은 땅속의 열을 이용하려면 막대한 투자를 해야 한다. 하지만 지열을 제대로 활용할 수만 있다면 다른 연료 소비에 들어가는 비용만큼을 얻고도 남을 것이다.

온천이 많은 아이슬란드와 달리 독일에는 땅 위로 솟구치는 뜨거운 물이 많지 않고, 간헐천[30]도 없다. 그래서 지열을 이용하려면 땅속에 배관 시설을 갖추고, 지상에는 지열 발전소를 세워야 한다. 적정 온도에 도달하려면 수천 미터를 파야 하는데, 한 번 파는 데 들어가는 비용이 수백만 유로에 이른다. 그리고 모든 암석층의 상태가 지열 추출에 적합한 것은 아니기 때문에 적당한 장소를 물색하는 데에도 만만찮은 비용이 든다. 2006년 스위스 바젤에서는 지열을 추출하기 위해 시추 작업을 하다가 가벼운 지진이 일어나기도 했다.

이탈리아의 경우는 토스카나 서쪽의 소도시 라다렐로 주변에서 100년 전부터 지열로 전기를 생산해 왔다. 현재 그런 방식으로 1년에 200메가와트를 생산하고 있다. 케냐에서도 이미 오래전부터 지열 발전소 세 곳에서 전력을 공급하고 있다. 지열을 뽑아내기 가장 좋은 지역으로는 사해에서 동아프리카 해안을 따라 길게 뻗은 열곡[31] 지대를 꼽을 수 있다.

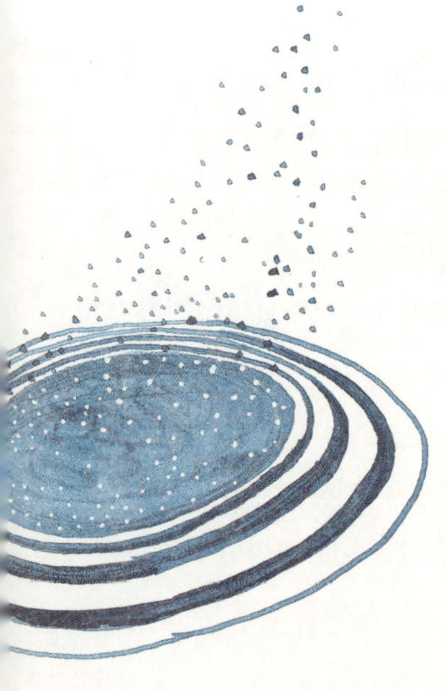

바이오매스 에너지

가장 다양하게 재생할 수 있는 원료는 바이오매스이다. 유기 물질인 바이오매스는 고체 상태에서 바로 열과 전기 생산에 쓰일 수 있고, 액체나 가스로 만들어 연료로도 사용할 수 있다. 나뭇잎과 나뭇가지, 풀, 정원이나 부엌에서 나오는 유기성 쓰레기처럼 성장 과정을 거친 모든 것들은 태양 에너지를 품고 있고, 이 에너지는 다양한 방식으로 재생될 수 있다.

개발도상국에서는 지금까지도 바이오매스가 가장 중요한 에너지원이다. 바이오매스에만 전적으로 의존해서 살아가는 사람도 세계 전체 인구의 3분의 1이나 된다. 기름 탱크와 가스관이 없는 곳에서는 나무와 거름, 또는 부엌에서 버려지거나 수확하고 남은 유기 폐기물을 이용해서 난방을 하고 요리를 한다. 그런데 이것은 결코 건강에 좋은 게 아니다. 밀폐된 공간에서 불을 피우게 되면 그때 발생한 연기가 인간의 폐를 손상시키기 때문이다. 게다가 에너지 효율성도 매우 낮다. 그래서 간단한 설비를 갖춰 가스로 바꾼 뒤에 사용하는 것이 훨씬 좋다. 그러나 선택의 여지가 없는 사람들로서는 수중에 있는 것을 태우는 수밖에 없다.

한편, 바이오매스는 다른 모든 재생 에너지와 마찬가지로 기후에 해를 끼치지 않는다. 원래의 식물이 성장 과정에서 흡수했던 양만큼만 이산화탄소를 배출할 뿐, 그 이상 배출하는 것은 없기 때문이다.

독일에서는 현재 나무를 펠릿 형태로 만들어 난방 연료로 사용하는 것이 다시 주목받고 있다. 나무 펠릿은 톱밥이나 대팻밥을 압축하여 작은 원기둥 모양으로 만든 것으로서, 기름처럼 가정집에 배달하기도 하고 자루에 담아 판매하기도 한다. 펠릿은 난로에 넣어 불을 때거나 현대적인 중앙난방 시설의 연료로 사용되며, 보관할 때에도 특별히 많은 공간을 차지하지 않는다. 현재 독일에는 바이오매스를 사용하는 발전소가 100곳이 넘고, 바이오매스 사용량은 몇 년 전보다 4배 증가했다.

전문가들은 바이오매스를 대체 연료로 사용할 수 있다는 데 큰 기대를 건다. 우리는 물과 바람, 태양 에너지로 전기를 얻는 데에는 이미 익숙해 있다. 이런 전기는 아직 전체 생산량에서 적은 부분을 차지하지만, 그 양은 꾸준히 늘고 있다. 또한 유가가 오르고 재생 에너지 생산 기술이 발전할수록 경제성도 높아진다. 물론 언젠가 재생 에너지가 전력 공급의 많은 부분을 차지하는 날이 오겠지만, 재생 에너지로 자동차나 배, 비행기까지 움직이려면 또 한참을 기다려야 할 것이다.

교통은 엄청난 연료를 먹어 치운다. 가정에서 쓰는 에너지에 이어 두 번째로 많은 에너지를 소비하는 것이 교통이다. 앞으로 자동차 연료통은 무엇으로 채워야 할까? 원유를 가공해서 얻는 휘발유는 앞으로 수십 년 후면 바닥난다. 그다음에는 어떻게 할까? 천연가스? 그것도 언젠가는 떨어질 것이다. 그렇다면 자전거와 철도, 마차, 증기선의 시대로 되돌아갈 수밖에 없을까? 그렇지 않기를 바랄 뿐이다. 운송 수단이 없어지면 분업화된 세계 경제 역시 급격하게 붕괴할 것이기 때문이다. 그래서 이동 수단의 대체 연료로 바이오매스에 대한 기대가 커지고 있다. 자동차 엔진은 꼭 휘발유가 아니더라도 바이오매스에서 생산된 식물성 기름이나 알코올로도 돌릴 수 있다. 실제로 초기에 만들어진 엔진은 모두 그런 연료에 초점을 맞추고 있었지만, 거대 석유 회사들이 자기들이 유리한 쪽으로 방향을 돌린 것이다. 그런데 이제 기후변화의 위험과 화석연료의 고갈에 직면하여 식물성 연료가 대안으로 떠오르고 있다.

실제로 자동차를 움직일 수 있는 바이오매스는 많다. 먼저 유채 씨와 해바라기 씨로 만든 식물성 기름과, 유채 씨를 특수 가공해서 만든 바이오디젤을 들 수 있다. 사탕무와 사탕수수, 곡물, 감자, 목재류의 바이오매스로 만든 바이오알코올도 액체 연료로 사용할 수 있다. 심지어 축산 분뇨와 음식물 쓰레기를 발효시켜 만든 가스와 쓰레기 하치장에서 발생하는 가스, 그리고 바이오 가스도 자동차 연료로 거론된다.

바이오디젤은 특히 유채 씨 같은 식물성 기름을 가공해서 만드는데, 그 상태로 직접 연료 탱크에 넣을 수도 있고 다른 연료와 섞어서 넣을 수도 있다. 바이오디젤의 소비량이 늘고 있는 독일에서도 아직은 3퍼센트밖

하이브리드 자동차 휘발유를 대체할 연료로 바이오매스가 유일한 대안은 아니다. 현재 시장에서 주목받고 있는 것이 하이브리드[32] 자동차이다. 하이브리드 차에는 모터가 두 개 달려 있다. 휘발유를 사용하는 모터와 전기 모터이다. 원리는 간단하다. 두 개의 모터가 각각 다른 상황에 사용되는 것이다. 다시 말해 고속도로에서는 휘발유로 움직이지만, 복잡한 시내를 달릴 때에는 전기 모터로 움직인다. 복잡한 거리에서는 자주 브레이크를 밟게 되므로 그때마다 발생한 잉여 에너지가 전기 모터를 충전하여 짧은 구간은 전기 모터로 움직일 수 있다. 그로써 휘발유 소비와 유해 물질 배출이 감소하고, 소음이 줄어든다.

에 안 된다. 바이오디젤은 연료의 필요조건을 모두 갖춘 완전한 연료이다. 독일을 비롯한 여러 나라에서는 '바이오디젤 혼합 사용 의무제'가 벌써부터 시행되고 있다. 이런 제도 역시 기후에 해로운 이산화탄소의 배출을 줄이고 석유를 아끼는 데 도움이 된다.

　바이오디젤은 뚜렷한 공간적 한계가 있다. 경작할 수 있는 땅에 유채나 다른 바이오매스 식물을 몽땅 심는다고 해서 그걸로 교통 수요를 모두 충당할 수는 없다. 게다가 밭에 키우는 품종을 무작정 바이오매스로 바꿔 심는 것은 식량 문제를 악화시킬 수 있다. 지금도 전 세계에서 8억 명 이상이 기아에 시달리고, 세계 인구는 계속 늘고 있기 때문이다.

　바이오매스 열풍에 취해 단일 경작이 식량 생산에 미치는 부정적인 측면과 종의 다양성 문제, 토양의 생산성 문제, 이용 가능한 물 문제를 도외시해서는 안 된다. 따라서 바이오 에너지의 장단점을 모두 따져 보고 결정을 내려야 한다. 바이오매스의 수확량 증가는 가능하고도 중요한 일이지만, 어차피 바이오디젤이 가까운 미래에 석유를 대체하지는 못한다. 자연을 훼손하지 않으면서 자동차를 굴리고 배를 채울 수 있는 것, 다시 말하면 바이오 에너지와 식량 확보, 자연의 다양성을 모두 함께 해결하는 것이 우리의 도전 과제이다.

　'바이오알코올'이라 불리는 에탄올과 메탄올도 상황이 비슷하다. 바이오알코올은 주로 유럽과 북아메리카에서 경작되는 밀과 호밀, 옥수수 같은 농작물에서 얻는다. 농부들 중에는 자신을 식량 생산에 기여하는 '땅

주인'이 아니라 에너지 생산에 힘을 보태는 '에너지 주인'으로 여기는 이
들이 많다. 바이오알코올의 큰 장점은 휘발유와 비슷하다는 것이다. 그래
서 5퍼센트까지 기존 연료에 섞어도 차량의 엔진에는 전혀 무리가 가지 않
는다. 남아메리카에서는 벌써 휘발유와 알코올을 섞은 차나 에탄올만 넣
은 차들이 도로 위를 쌩쌩 내달리고 있다.

브라질은 오래전부터 이 분야에 집중적으로 투자하고 있다.
열대성 기후 덕분에 바이오에탄올의 재료가 되는 사탕수수
를 대량 생산할 수 있기 때문이다. 브라질에서는 기존
휘발유에 바이오알코올을 4분의 1이나 혼합해서 사
용한다. 더구나 2003년에는 휘발유와 알코올, 또
는 두 연료의 혼합 연료를 자유자재로 사용할 수
있는 '플렉스' 차량, 즉 연료 유연성 차량을 시
장에 선보였다. 지금 브라질에서 생산되는 자
동차 두 대 중 한 대는 플렉스 차량이다. 이 같
은 변화는 기후에 부담을 덜 주며, 브라질 대도
시들의 대기도 눈에 띄게 맑아졌다.

하지만 연료에 알코올을 타면서 연료 소비가
늘어났다. 알코올에는 휘발유에 함유된 에너지의 3
분의 2밖에 들어 있지 않기 때문이다. 게다가 바이오알
코올 때문에 수백만 헥타르의 사바나 지대가 사라지는 것도
큰 골칫거리이다. 또한 에너지 생산을 위해 콩 재배를 늘리는 것도
열대우림을 파괴하는 데 한몫한다. 아시아에서도 비슷한 현상이 관찰된
다. 팜유를 대량으로 생산하기 위해 열대우림을 그야말로 민둥산으로 만
들고 있는 인도네시아와 말레이시아가 대표적인 예이다.

지금까지 만들어진 바이오디젤과 바이오에탄올을 1세대 연료라고 한

다. 연구자들은 2세대 연료인 '선 디젤'
(sun diesel)이 더 많은 가능성을 가지고 있
다고 본다. 선 디젤은 더 이상 사용 가치가
없는 폐목재, 짚이나 식물 줄기 같은 유기 물질
을 초고속으로 화석연료의 생성 과정을 거치게 해
서 만들어 내는 바이오디젤이다. 이 연료는 휘발유보다
유해 물질을 적게 배출할 뿐 아니라 유채나 에탄올보다 훨씬 효
율적이다. 다만 아직까지는 상용화 단계에 이르지 못했다.

미래의 희망

인류는 수소 기술에 큰 희망을 걸고 있다. 원소 주기율표에서 가장 가벼운
수소(H_2)는 과학 연구와 경제 분야에서 에너지 저장에 가장 활용도가 높은
원소이자 석유 시대 이후의 중요한 에너지원으로 여겨진다. 전기를 사용
하여 물(H_2O)에서 분해한 수소는 앞으로 무한한 에너지 자원이 될 수 있
다. 게다가 한결 깨끗한 자원이기도 하다. 수소에 포함된 에너지는 저장하
기가 쉽고, 수소 자체도 저장을 할 수 있기 때문에 수소의 활용 가능성은
다양하다. 자동차 연료로도 사용할 수 있을 뿐 아니라 난방이나 전기 생산
에도 적합하다.

그러나 아직 수소를 환경 친화적이고 값싸게 대량 생산하는 단계에는
이르지 못했고, 그것이 이 기술의 본격적인 성공을 가로막는 가장 큰 장애

물이다. 수소는 자연에서 단독으로
는 존재하지 않기 때문에 캐내거나
건질 수 있는 게 아니다. 물에 가장 많
이 들어 있지만, 천연가스와 석탄, 그리고
다른 유기 화합물 안에서도 발견된다. 그래서
이런 물질들에서 복잡한 과정을 거치고 많은 에
너지를 들여 분리해야 한다. 결국 수소가 청정에너지이냐
아니냐는 수소의 생성 과정에 어떤 에너지가 얼마나 투입되느냐에 따라
결정된다.

따라서 수소가 환경과 기후에 해를 주지 않는 청정에너지가 되려면
재생 에너지와 연계해서 수소를 분해하는 기술을 개발해야 한다. 그래서
빛에너지가 풍부한 아랍 같은 지역이 태양발전과 연결해서 수소 에너지
산업을 발전시킬 수 있는 좋은 곳이다. 또한 풍력이나 지열과 연계하는 것
도 좋은 방법이다. 더 나아가 '초고온 원자로'의 열을 수소 생산에 이용하

연료전지 연료전지는 전기 화학적 변환기이다. 물을 수소와 산소로 분리하는 전기 분해의 원리가 여기서는 거꾸로 작동한다. 즉, 수소와 산소가 전기 화학적 과정(이른바 '차가운 연소')을 거쳐 물로 결합되는 것이다. 이때 전기와 열이 발생한다. 연료전지는 19세기 초에 처음 발명되었다. 당시 웨일스의 윌리엄 그로브는 전기를 써서 물을 수소와 산소로 분해하는 실험을 했고, 그것이 거꾸로도 가능하다는 것을 알아냈다. 그 후 얼마 지나지 않아 최초의 연료전지 '그로브 전지'가 나왔다. 하지만 이 전지는 전압과 전류가 너무 낮아 발전기나 내연 기관의 발명만큼 큰 성공을 거두지는 못했다. 그러던 것이 연료전지의 성능이 엄청나게 개선되어 지금은 자동차도 움직일 수 있게 되었다. 오늘날 연료전지 자동차는 많은 나라에서 시험 운행되고 있다.

는 방법도 연구되고 있다. 그 밖에 대규모 화학 공장에서 나오는 갖가지 폐열을 연계하는 방안도 생각해 볼 만하다.

수소 자동차에 대한 연구는 이미 오래전부터 집중적으로 이루어지고 있다. 수소 자동차는 연료전지로 움직인다. 그러려면 가스 형태의 수소를 높은 압력으로 저장해야 한다. 또는 수소로 직접 엔진을 움직일 수도 있다. 이 경우에는 수소를 초저온으로 연료 탱크에 저장해야 하므로 무척 어려운 일이었다. 그런데 이 어려운 과제가 해결되었다. 독일의 자동차 회사 BMW가 수소 자동차 100대를 생산해서 시험 운행에 성공한 것이다. 이것은 언젠가 수소만 있으면 우리가 전국을 마음 놓고 돌아다닐 수도 있음을 보여 주었다.

수소 자동차 개발에서 가장 큰 장애 요소는 바이오디젤과 바이오에탄올과는 달리 수소를 기존의 연료와 섞을 수 없다는 점이다. 수소 자동차를 도입하려면 독립적인 주유소를 갖춘 완전히 다른 기반 시설이 필요하다. 그 때문에 낙관론자들조차 본격적으로 수소 경제 체제에 들어가는 것은 30~40년 안에는 불가능하다고 여긴다.

결국 우리는 한동안은 화석연료와 함께 살아야 한다. 당장 그것을 포기할 수는 없기 때문이다. 그러므로 석유와 석탄, 천연가스를 절약하고 되도록 환경을 훼손하지 않으면서 사용하는 것은 새로운 청정에너지를 개발하는 것만큼이나 중요하다. 이 둘은 다른 한쪽 없이는 서로 나아가지 못한다. 한쪽이 다른 한쪽에 나아갈 공간을 열어 주기 때문이다. 또 분명한 것이 있다. 지금처럼 에너지를 혼합해서 쓰는 것에도 미래가 없다는 것이다. 이 상태가 계속되면 인류는 에너지 공급 위기에 빠지

200

거나 기후가 미쳐 날뛸 것이다. 아니, 두 가지가 다 나타날
수도 있다. 그것을 막으려면 혼합 에너지를 순수한
재생 에너지 쪽으로 점점 바꾸어 나가야 한다.

하나로 연결된 세상

중국에서 만든 티셔츠, 코스타리카에서 재배한 바나나, 케냐에서
자란 꽃, 일본산 자동차, 호주산 육류, 이처럼 오늘날 우리가
구입하는 물건들 중 많은 것이 세계 곳곳에서 수입한 것들이다.
물론 우리가 만든 것이 전 세계로 수출되기도 한다. 좋든 싫든,
긍정적이든 부정적이든 우리는 이러한 세계화의 그물에 묶여 있다.
세계화는 많은 사람들에게 문명의 혜택을 누릴 기회를 주지만,
지역 공동체의 갈등을 유발하고 환경에 해를 끼치기도 한다.
더 많은 자동차와 비행기, 더 잦은 운송, 더 많은 땅의 잠식,
더 많은 오염, 더 심한 지구 온난화가 세계화의 또 다른 얼굴이기
때문이다. 이런 부작용을 막는 길은 경제가 환경을 희생시키는
것이 아니라 환경과 함께 성장할 때, 그리고 성장과 무분별한
개발이 분리될 때에야 가능하다. 그러기 위해서 필요한 것이
새로운 테크놀로지와 환경 친화적 상품, 새로운 소비 습관이다.
물론 빈부 격차를 해소하고 세계 경제에 체계적인 틀을 만들려고
애쓰는 정치인도 필요하다.

오늘날에는 많은 제품이 어느 나라에 있는 하나의 공장이 아니라 국경과 대륙을 넘어 여러 곳에서 만들어진다. 필립스의 전동 칫솔 '소니케어 엘리트 7000'을 예로 들어 보자. 수천 명의 직원이 세계 곳곳의 12개 현장에서 하루 5교대로 일하며 공동으로 이 칫솔을 만들어 낸다. 전동 칫솔의 핵심 부품인 전자 회로판은 필리핀 마닐라에서 생산되어 도쿄를 거쳐 미국의 시애틀로 보내진다. 그전에 중국 남동쪽의 주하이 공장에서는 전자 회로판의 부식을 방지하는 작업이 이루어진다. 회로판에 들어갈 49가지 부품은 말레이시아에서 만들어진다. 이 부품들은 마닐라에서 납땜으로 회로판에 부착되고 테스트를 거친 뒤 미국으로 날아간다. 그 시각 오스트리아에서는 칫솔의 플라스틱 부분이 만들어져 화물차로 독일의 브레머하펜 항으로 수송되고, 다시 거기서 배에 실려 대서양을 건너간다. 특수 강철은 스웨덴산이다. 이렇게 반쯤 완성된 칫솔은 브레머하펜 항을 출발해서 뉴저지의 엘리자베스 항에 도착하고, 거기서 다시 화물 열차로 갈아타고 북아메리카 대륙을 횡단한다. 칫솔에 들어가는 모든 부품이 마지막 공장에 도착하기까지 2만 8000킬로리터를 달렸다. 지구 둘레의 3분의 2에 해당한다. 마지막 공장에서 조립된 칫솔은 다시 판매되기 위해 세계 곳곳으로 흩어진다.

유독 이 칫솔만 그럴까? 그렇지 않다. 이처럼 마디마디 쪼개져서 상품을 생산하는 '분절화 시스템'은 이제 세계 경제의 일상이 되었다. 이 시스템이 제대로 작동하려면 당연히 운반과 보급이 정확하게 맞아떨어져야 한다. 세계 곳곳에서 생산된 부품들이 제시간에 필요한 공장에 도착해야 하기 때문이다. 만일 그것들을 따로 보관해야 한다면 추가 비용만 발생할 것이다. 그래서 화물차와 배, 비행기, 철도 그 자체가 움직이는 창고가 된다. 그러나 수차례의 운송에 따르는 온실가스의 배출과 환경 부담을 감안하면, 이런 식으로 상품을 생산하는 것이 결코 싸다고는 말할 수 없다.

아디다스를 예로 들어 보자. 세계적인 기업으로 성장한 이 회사는 프랑켄 지방의 소도시 헤르초게나우라흐에서 원대한 꿈을 품고 출발했고, 본사도 아직 그곳에 있다. 그러나 수입 관련 활동은 홍콩에서, 마케팅은 암스테르담에서 이루어지고 있으며, 제품 개발은 많은 부분이 미국 포틀랜드에서, 디자인은 도쿄와 뉴욕에서 진행된다. 또한 신발과 의류는 대부분 아시아에서 생산된다. 또 다른 예인 장미도 마찬가지이다. 유럽에서 새로 개발된 장미 품종이 에콰도르나 케냐에서 재배되고, 뉴욕과 암스테르담, 프랑크푸르트에서 판매된다.

서비스업도 필요한 경우에는 얼마든지 외국으로 이동한다. 예를 들어 북해에서 잡은 새우는 모로코로 보내져 껍질을 벗기고, 세척하고, 냉동한 뒤 다시 독일로 보내진다. 이처럼 번거로운 과정이 수지가 맞는 까닭은 껍질을 벗기는 작업에 투입되는 모로코 여성들의 임금이 독일 노동자들에 비해 턱없이 싼 데다 운송비에 환경 부담 비용이 포함되지 않기 때문이다.

그런데 이것은 여러 대륙을 오가는 경우에만 일어나는 일이 아니다. 호텔의 침구를 전문으로 세탁하는 독일 베를린의 어떤 세탁업체는 빨랫감을 국경을 넘어 폴란드 슈테틴으로 보낸다. 슈테틴에서는 일주일 내내 하루 종일 빨래를 세탁하고, 다림질하고, 가지런히 개는 작업이 이루어진다. 그렇게 해서 바로 다음 날 세탁물을 베를린으로 보낸다. 폴란드에서 일하는 세탁부의 임금이 독일 노동자보다 훨씬 싸기 때문에 일어나는 일이다. 이 같은 예는 수없이 많다. 독일인들은 특히 생산 분야에서 많은 일자리가 외국으로 옮겨 가는 것을 위협으로 느낀다. 하지만 그 대신 독일은 과거 어느 때보다도 많은 제품을 세계로 수출하고 있다. 둘 다 세계화가 낳은 결과이다.

기회일까, 저주일까?

상품 생산에서 분절화 시스템은 우리가 '세계화'라는 말로 통틀어서 표현 하는 과정의 일부이다. 이제는 마을과 도시, 국가가 예전만큼 익숙한 단위 가 아니다. 오늘날엔 전 세계가 하나의 단위로 합쳐졌고, 값싼 운송비와 빠른 통신 시설로 점점 좁아지고 있다. 옛날에도 국경을 넘는 상품 거래와 국제적인 연결망이 있었지만, 오늘날처럼 폭넓고 촘촘하지는 않았다. 세 계화의 이론은 간단하다. 저마다 자신이 가장 잘하거나 가장 싸게 만들 수 있는 것을 생산해서 나머지 세계에 공급하자는 것이다. 전자 회로판이나 신발창과 같은 부품만 공급하더라도 말이다. 이런 구조에서는 더 나은 제 품을 더 싸게 제공하는 공급자가 있으면 다른 나라들은 어차피 경쟁도 되 지 않는 그 제품의 생산에 매달릴 필요가 없게 된다. 하지만 이론이 그렇 다는 말이지, 현실은 사회를 분열시켜 세계화 지지자와 세계화 반대자로 극명하게 나누어진다.

낙관론자들은 세계화를 동반 성장과 빈곤 퇴치의 좋은 기회로 본다. 세계가 점점 분업화되고, 그래서 상품 가격이 점점 싸질수록 더 많은 사람 들이 필요한 것을 더 손쉽게 얻을 수 있다고 믿는 것이다. 이들의 논리는 분명하다. 각자 자신의 강점을 충분히 발휘하면 결과적으로 모두에게 유익하다는 것이다. 반면에 비관론자들은 세계화가 자국의 일자리를 없애고, 빈부 격차가 더욱 심해지게 만들고, 잦은 운송으로 대기를 오염시키고, 자원을 낭비한다고 비난한다. 또 세계화로 다국적 대기업들이 각국 정부보다 더 막강한 권력을 얻어 세계를 좌지우지하지 않을까 걱정하기도 한다. 게다가 독일산 포도주도 그만하면 꽤 훌륭한데, 굳이 오스트레일리아산 포도주와 칠레산 포도주까지 마실 필요가 있느냐고 묻는다. 이들의 구호는 세계화가 아니라 '탈중심'이다.

그런데 이런 논쟁은 별 성과 없이 불안감만 키울 뿐이다. 세계화는 이미 멈출 수 없는 단계에 들어섰기 때문이다. 세계화는 시작되었고, 코피 아난 전 유엔 사무총장이 1990년대에 딱 잘라 말한 것처럼 "삶의 현실"이 되었다. 따라서 이제는 세계화의 과정을 멈추려고 하기보다 자연환경을 파괴하지 않으면서 빈곤을 극복하는 쪽으로 이끄는 것이 우리의 과제일 것이다.

세계화, 즉 상품과 재화의 전 세계적 유통을 가능케 한 정치 사건은 단연 냉전 시대의 종식이고, 그것을 한눈에 보여 준 것이 베를린 장벽과 철의 장막[33]의 붕괴이다. 이런 역사적인 전환점을 돌자 비로소 전 세계를

아우르는 공동의 무역 체제와 법적 토대가 마련되었다. 그제야 시장 경제
와 계획 경제 사이의 경쟁이 중단되었기 때문이다. 그 후 강력한 경제성장
으로 이 세상의 수많은 가난한 사람들에게도 인간적인 삶을 누릴 가능성
이 열렸다. 지난 20년간 많은 아프리카 나라들이 주목할 만한 발전을 이루
어낸 것도 그 결과이다. 그러나 아직 갈 길은 멀기만 하다.

컨테이너와 컴퓨터

상품을 연속으로 운반하는 '컨베이어벨트'는 근대의 상징이다. 그런데 현
대에 들어 상징이 컴퓨터와 컨테이너로 바뀌었다. 세계화에서 무엇이 중
요한지 가장 핵심적으로 보여 주는 것이 그 두 가지이기 때문이다. 세계화
의 핵심은 만물과 만물의 연결이자, 경제적·금융적·정치적 과정의 전 세
계적인 융합이다. 이것을 이루기 위한 세 가지 조건이 있었는데, 지난 세
기에 모두 달성되었다.

　첫 번째 조건은 성능과 신뢰 면에서 한층 개선된 운송 능력이다. 비행
기, 화물차, 자동차, 선박은 예전에 비해 월등하게 커지고 빨라졌다. 운송
수단의 연료인 원유도 저렴하고 무한정 매장되어 있을 것처럼 보였다. 두
번째 조건은 1995년 세계무역기구(WTO)의 설립과 함께 나타난 국가 간의
관세 인하이다. 예전에는 국경을 통과할 때마다 통행세를 내야 했지만 오
늘날에는 아무 통제 없이 바로 통과하는 경우가 많다. 유럽연합이 대표적
인 예인데, 몇 년 전에는 화폐까지 유로로 통일되었다. 마지막 조건은
1990년대 중반부터 시작된 통신 혁명이다. 컴퓨터와 인터넷, 휴대폰이 없
었다면 우리의 일상은 완전히 바뀌었을 것이고, 오늘날 너무도 당연하게
여겨지는 수많은 상품 거래와 금융 거래, 서비스업도 이루어지지 못했을

것이다.

통신 요금은 오랫동안 무척 비쌌다. 1980년대까지도 비싼 요금 때문에 미국으로 국제전화를 거는 일이 쉽지 않았다. 그러던 것이 이제는 미국 국제전화 요금이 1분에 100원도 안 된다. 물론 전화를 거는 시간과 통신 회사에 따라 조금씩 차이는 있다. 어쨌든 이 모든 발전은 인공위성 덕분이다. 뉴욕과 런던 사이의 3분간 통화료는 1960년에는 60달러였고, 1970년 40달러, 1980년 6달러, 1990년에는 5달러였다. 당연히 지금은 훨씬 더 싸졌다. 컴퓨터도 비슷하다. 지난 40년 동안 가격이 급격히 떨어졌다. 오늘날 일반적인 컴퓨터를 한 대 사려면 몇십만 원만 지불하면 된다. 그러나 1960년에는 그런 컴퓨터를 사려면 지금의 180만 배를 내야 했고, 1990년에는 7.5배를 지불해야 했다. 인터넷 가입자 수도 1984년에는 몇천 명이었지만 1996년에는 1000만 명으로 늘어났다. 지금은 세계적으로 10억이 넘는 인구가 인터넷의 바다를 떠돌고 있다. 게다가 가입자는 나날이 늘고 있다. 물론 그중 상당수는 선진국에 사는 사람들이다.

교통 운임도 이와 비슷하다. 200년 전에는 운송비가 물건 값보다 몇 배씩 비싼 경우가 많았다. 배보다 배꼽이 컸던 것이다. 그러던 것이 철도

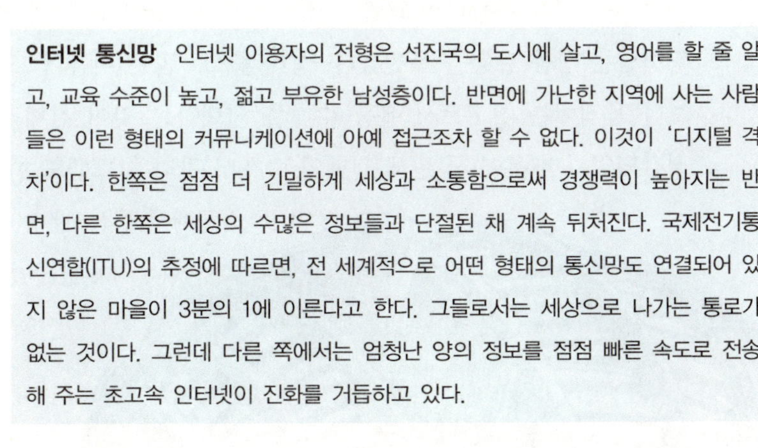

인터넷 통신망 인터넷 이용자의 전형은 선진국의 도시에 살고, 영어를 할 줄 알고, 교육 수준이 높고, 젊고 부유한 남성층이다. 반면에 가난한 지역에 사는 사람들은 이런 형태의 커뮤니케이션에 아예 접근조차 할 수 없다. 이것이 '디지털 격차'이다. 한쪽은 점점 더 긴밀하게 세상과 소통함으로써 경쟁력이 높아지는 반면, 다른 한쪽은 세상의 수많은 정보들과 단절된 채 계속 뒤처진다. 국제전기통신연합(ITU)의 추정에 따르면, 전 세계적으로 어떤 형태의 통신망도 연결되어 있지 않은 마을이 3분의 1에 이른다고 한다. 그들로서는 세상으로 나가는 통로가 없는 것이다. 그런데 다른 쪽에서는 엄청난 양의 정보를 점점 빠른 속도로 전송해 주는 초고속 인터넷이 진화를 거듭하고 있다.

와 증기기관의 발명으로 비용과 운송 시간이 확 줄었다. 예를 들어 1830년 무렵에는 다른 대륙으로 밀을 판매하면 비용의 79퍼센트가 운송에 들어갔다. 1910년 무렵에는 그 부담이 28퍼센트로 줄었고, 그 후로도 계속 떨어졌다. 컨테이너와 초대형 화물선, 비행기, 화물 열차가 넘치는 오늘날에는 운송비가 예전과 비교할 수 없을 정도로 줄었다. 이런 변화가 국경을 뛰어넘는 상품 유통을 촉진했다. 상대적으로 많은 비용이 드는 창고 보관보다 움직이는 창고로서 운송 수단을 선택하는 것이 전체적으로 비용이 절감되었기 때문이다. 관세 철폐와 컴퓨터 관리 시스템도 한 상품을 여러 곳에서 생산, 운송, 조립할 수 있게 만들었다.

오늘날에는 프

랑스의 소설가 쥘 베른이 1873년에 쓴 것처럼 세계를 한 바퀴 도는 데 80일이 걸리는 것이 아니라, 8시간이면 세계의 반대편에 도착할 수 있다. 요즘은 최상류층만 미국이나 남태평양으로 휴가를 떠날 수 있는 것이 아니다. 중산층도 마음만 먹으면 얼마든지 갈 수 있다. 항공료가 그만큼 싸졌기 때문이다. 그러나 이것은 항공 연료에 세금을 면제해 주고 이산화탄소 배출 비용을 붙이지 않아서 그런 것이다. 싼 운송비의 대가로 기후변화와 환경오염이라는 값비싼 대가를 치르고 있다는 점을 감안하면 마냥 좋아할 일은 아니다.

교통 정체를 어찌할 것인가?

발전의 끝이 어디까지인지는 아무도 모른다. 슈퍼 점보 비행기 A380은 아직 운항되고 있지 않다. 세계 최대 규모의 이 비행기가 하늘을 나는 순간 모든 기록이 한꺼번에 바뀔 것이다. 그 밖에 세계 곳곳에서 새로운 공항이 문을 열고, 기존 공항이 확장 공사를 하고, 최고의 속도를 자랑하는 고속

철도가 투입되고, 도로가 새로 만들어지고, 거대한 컨테이너선이 건조된다. 런던의 히드로 공항과 더불어 유럽 최대 규모의 환승 공항인 프랑크푸르트 공항은 몇 개월 동안 승객 480만 명이 거쳐 갔고, 그 수는 계속 늘고 있다. 화물로 거둬들이는 세금 수입은 1년(2004년 10월~2005년 10월) 사이에 10퍼센트 이상 증가했다. 공항 운영자들은 2020년까지 연간 이착륙 횟수가 40퍼센트까지 늘어날 것으로 기대한다. 그 때문에 새로운 터미널과 활주로를 건설할 계획을 가지고 있다. 비슷한 증가세를 보이는 뮌헨 공항도 제3의 활주로 건설을 고려하고 있다. 지금도 하루 5시간 정도는 이착륙의 수요를 감당하지 못해 관제탑이 쩔쩔맨다는 것이다.

지금까지의 기록으로 보면 전 세계 항공 교통의 규모는 10년 단위로 2배씩 증가해 왔다. 다른 운송 수단에 비해 킬로미터당 환경을 훨씬 크게 오염시키는 항공 분야가 그런 증가세를 보인 것이다. 그러나 항공은 등유 소모량도 많고, 공항을 짓기 위해 차지하는 면적도 너무 크다. 게다가 인근 주민들에게 주는 소음 공해와 이산화탄소 배출량이 빠르게 증가하는 것도 문제이다.

다른 교통수단들도 상황이 크게 다르진 않다. 현재 우리나라의 자동차 수는 1700만 대이다. 한국인 세 명 중 한 명 이상이 자동차를 갖고 있는 셈이다. 도로는 지금도 벌써 교통 정체가 잦다. 정체는 쓸데없이 기름을 길거리에 버리게 하고, 기후와 환경을 오염시키고, 우리의 건강까지 위협한다. 지금이 이렇다면 앞으로 10년, 20년 뒤에는 어떻게 될까? 수많은 자동차를 어디에 주차하고, 도심과 고속도로, 그리고 출퇴근 시의 만성적인 정체는 어떻게 해결할 것인가? 도로를 넓히는 것만으로는 급속도로 늘어나는 자동차 수를 감당하지 못한다. 3층 도로가 불가능하다면 2층 도로라도 세워야 한다. 정체를 막거나 우회 길을 알려 주는 '지능형 교통 시스템'의 도입도 분명 어느 정도는 해결책이 될 수 있다. 또한 런던에서 성공적으로 시행하고 있는 '도심 혼잡통행료'도 도움이 된다. 그러나 개인용 승용차가 계속 늘기만 한다면 이런 대책도 한계에 부닥칠 수밖에 없다. 자동차의 증가는 공간과 에너지, 시간을 잡아먹고, 환경에도 엄청난 부담을 안겨 준다.

화물차를 이용한 화물 운송은 앞으로 더 늘어날 전망이다. 심지어 수송량이 현재보다 반 이상 늘어날 거라는 분석도 나온다. 도로를 이용해서 화물과 승객을 나르는 것이 열차나 배를 이용하는 것보다 훨씬 낭비가 심한데도 이런 추세는 계속되고 있다. 에너지 효율성으로 따졌을 때 고속열차는 같은 양의 연료로 자동차보다 4.5배 더 달린다. 배도 같은 양의 연료로 화물차보다 5배, 열차보다 4배 더 멀리 갈 수 있다. 그럼에도 독일에서는 많은 화물이 화물차로 운송된다. 이유는 분명하다. 도로를 이용하는 것이 싸게 먹히기 때문이다.[34] 그러나 여기에는 도로 교통으로 유발되는 보이지 않는 비용(전문가들은 이를 '외적 비용'이라고 한다)이 빠져 있다. 예를 들어 대기 오염, 도로 마모, 소음 공해 방지 등에 들어가는 비용이 운송비에 포함되지 않은 것이다. 따라서 유류세에 이런 비용들을 반영하고, 고속도로 통행료와 도심 혼잡통행료를 걷는다면 환경적인 측면에서는 꽤 큰 도움이 될 것이다. 물론 그 때문에 피해를 받게 될 가난한 가정과 영세 화물업자들에 대한 지원 대책도 마련되어야 한다.

자가용의 꿈

교통량의 증가는 어느 한 나라만의 문제가 아니라 세계 곳곳에서 일어나는 현상이다. 인도를 예로 들어 보자. 인도는 오늘날 세계에서 가장 빠른 성장세를 보이는 자동차 시장 중 하나이다. 12억이 넘는 인구에 비하면 자동차 판매 대수가 140만 대로 아직 적은 편이지만, 수요는 급속도로 늘고 있다. 경제적 능력이 갖추어지면 모두들 자가용을 장만하려는 꿈에 부푼다. 해마다 9퍼센트까지 경제가 가파르게 상승하는 덕분에 주머니 사정이 괜찮은 인도인의 수가 점점 늘고 있다. 이들은 이제 소비를 통해 부를 누리고 싶어 한다. 거기에는 최첨단 가전제품을 구비하는 것과 더불어 자가용의 꿈도 포함되어 있다.

인도의 도로 지도를 25년 전과 비교하면, 옛날에는 가는 선만 드문드문했던 곳에 이제는 도로망이 촘촘하게 연결되어 있다. 그것이 인도가 비약적으로 발전할 수 있게 된 밑거름이었다. 인도에서 가장 빠른 고속도로에 독립운동의 영웅 마하트마 간디의 이름을 붙인 것도 우연이 아니다. 자동차가 발전과 풍요, 자유의 상징이 된 것이다. 제2차 세계대전이 끝나고 1950년대에 경제 기적을 이룬 독일이나 1980년대 빠른 경제성장을 이룬 한국이 지금의 인도와 비슷한 상황이 아니었을까?

지금까지도 자동차는 단순한 이동 수단 이상의 의미를 갖고 있다. 그것은 대중교통 체계가 잘 되어 있지 않은 미국에서 특히 그렇다. 할리우드

의 액션 영화에 누구나 갖고 싶어 하는 '꿈의 자동차'와 박진감 넘치는 추격 장면이 빠지지 않는 데에는 다 그만한 이유가 있다.

그러나 교통은 무한정 기름을 먹어 치우는 하마이다. 다른 분야와 비교해도 석유 소비량 면에서 월등하게 차이가 난다. 전 세계에서 채굴되는 석유 중 많은 양이 날마다 운송 수단의 연료로 태워 없어지고 있는 것이다. 인도와 중국, 브라질, 남아프리카, 태국 등지에서도 유럽만큼 많은 자동차들이 굴러다닌다면 앞으로 석유 소비량은 얼마나 더 늘어날까? 에티오피아와 세네갈, 볼리비아, 방글라데시처럼 가난한 나라들에서도 자동차가 도로를 가득 메운다면 어떤 일이 벌어질까? 현재 서유럽은 인구 1000명당 자동차 수가 600~700대이고, 중국은 아직 50대가 채 되지 않는다. 그렇다면 앞으로 얼마나 더 늘어날 수 있을지 쉽게 상상이 간다.

그런데 이런 수치에서 알 수 있듯이 서구의 개인적인 생활 양태는 결코 바람직한 수출품이 아니다. 그런 모델이 지구상의 다른 나라에 전파되어서는 안 된다. 그러기에는 지하자원이 너무 부족하고, 기후도 허용하지 않는다. 대체할 연료가 없는 상황에서 모두들 자동차를 가지려고 한다면 지구가 몇 개는 더 있어야 한다. 그럼에도 나머지 세계는 서구의 생활양식을 모방하려고 애쓰고 있다. 하지만 지금은 서구인들의 소비 형태를 깊이 반성하고, 새로운 테크놀로지의 개발에 열을 올리는 것이 필요한 시점이다.

성장과 환경

우리의 경제가 앞으로도 계속 성장에만 치중한다면 어떻게 될까? 지금처럼 수많은 상품들이 계속 쏟아지고 자동차가 도로를 가득 메운다면 지속 가능성의 삼박자, 즉 경제와 환경, 사회 복지가 과연 조화롭게 유지될 수 있을까? 십수 년 전 리우데자네이루에서 열린 대규모 환경 회의에서는 환경과 경제, 사회 복지가 서로를 희생시키지 않으면서 똑같이 발전해야 한다는 원칙을 확실히 밝혔다. 그 결과 중요한 환경 관련 조약들이 만들어졌다. 이산화탄소 배출을 줄이기 위한 교토 의정서, 기후변화 협약, 종의 다양성 보호와 사막화 방지를 위한 협약 등이 대표적인 예이다.

그러나 리우데자네이루 회의장에 넘쳐났던 낙관만으로는 세계의 실제적인 발전 과정에 별다른 영향을 끼칠 수 없다는 사실이 곧 드러났다. 아무리 목적이 훌륭해도 그것을 실천하기 위한 구체적 목표와 일정표가 없으면 아무 소용이 없다. 그전까지 군사적 목적으로 사용된 이른바 '평화 배당금'[35]도 조성될 낌새가 보이지 않았다. 결국 그렇게 10년을 허송세월하고, 2002년 요하네스버그에서 '지속가능한 발전을 위한 회의'가 열린 뒤에야 구체적인 수치와 검증할 수 있는 목표가 제시되었다. 이를테면 깨끗한 식수를 마시지 못하는 사람의 수를 2015년까지 반으로 줄이자는 계획 같은 것이다. 그보다 소박한 또 다른 목표도 있었는데, 2005년까지 납 성분이 함유된 휘발유를 완전히 없애 버리자는 것이다. 이 목표는 전반적으로 순조롭게 이루어졌다.

인구가 곧 70억에 이르게 될 세계에서는 환경과 사회 복지를 잠시 팽개치고 경제성장을 먼저 이룩한 뒤 그렇게 얻은 부로 나중에 가난과 환경에 대처해도 늦지 않다고 생각하는 것은 용납될 수가 없고, 그런 생각에 공감하지 않는 사람도 점점 많아지고 있다. 그러나 안타깝게도 경제성장만이 가난과 절망을 극복하는 가장 효과적인 수단이라고 믿는 사람들이 여전히 너무 많다. 그들은 환경과 사회 복지에 나타날 파장은 제쳐두고 경제성장만을 우직하게 밀어붙여야 한다고 생각한다. 그러나 현실에서는 그들의 기대와는 정반대 상황이 생겨난다. 경제가 공기, 숲, 물을 해치면서 발전하면 그걸로 이익을 보는 사람은 극소수이고, 즐거움도 오래가지 않는다는 것이다. 그것은 끈기 있게 타오르는 장작 불꽃이 아니라 잠시 타올랐다가 바로 꺼지는 지푸라기 불이기 때문이다.

중국이 그에 대한 뚜렷한 증거를 보여 준다. 이 거대한 나라는 해마다 점점 더 많은 장난감과 의류, 그릇 등을 세계 시장에 쏟아 붓고, 최근에는 자동차까지 생산하면서 눈부신 고도성장을 구가해 왔다. 그러느라 생태계의 손실과 사회 계층 간의 불균형에는 신경을 쓰지 못했다. 세계의 소비자들도 '싼 게 최고'라는 구호 속에 중국 제품들을 기꺼이 구입했다. 그것이 경제성장률 10퍼센트의 기적을 이룰 수 있게 했지만, 모든 것에는 대가가 있기 마련이다. 중국 당국조차 경제성장으로 일어난 강과 공기와 토양 오염을 계산에 넣은 '녹색 국민총생산'은 기존 성장률에서 최소한 3~4퍼센트는 빼야 한다고 발표했다. 쉽게 말해서 환경 자본의 손실이 바로 실물 경제의 손실로도 나타난다는 것이다. 그 결과는 충격적이다. 세계에서 가장 오염이 심한 30개 도시 중 20개가 중국에 있고, 많은 강들도 심하게 오염되었다. 그럼에도 오염된 물은 여전히 정화되지 않은 채 강으로 흘러간다. 그로써 3억에 가까운 중국인들이 더러운 물이나 오염된 공기 때문에 생기는 환경병에 무방비 상태로 노출되어 있다.

그러나 그동안 교훈을 얻은 중국도 방향 전환을 꾀하고 있다. 책임자들은 도시를 건설할 때 하수 정화 시설과 공기 정화 시설을 건설하는 데 역점을 두고, 환경 비용도 예산에 단계적으로 반영하고 있다. 지금까지처럼 환경의 희생 위에서 이루어지는 경제성장은 아무 의미가 없다는 것을 모두가 깨달았기 때문이다. 이제 중국 국민들도 환경 문제에 점점 많은 관심을 보이고 있다.

중국의 이런 문제는 세계의 여러 국가들, 특히 다른 개발도상국들에도 그대로 적용된다. 왜냐하면 가난이란 오로지 자연의 온전한 도움을 받아야만 장기적으로 극복할 수 있기 때문이다. 그럼에도 이제 막 산업화에 나선 나라들은 좀 더 현명하게 행동하라는 경고를 대부분 무시한다. 지금 그들의 경제에 진정으로 필요한 것은 석탄과 석유에 뿌리를 둔 토목 사업이 아니라 환경보호의 토대 위에서 구축된 환경 친화적 성장이다. 그러나 이런 경고를 귀담아듣는 나라는 거의 없다. 개발도상국에서 활동하는 자원 봉사자들은 현장에서 이런 이야기를 자주 듣는다고 한다. "우리도 당신들이 가진 것을 갖고 싶다." 다시 말해, 집과 자동차, 가전제품, 편의시설, 복지, 그리고 모든 욕구를 채울 수 있는 확실한 기반인 돈을 갖고 싶다는 뜻이다. 이 때문에라도 선진국들은 생활방식에서 모범을 보여야 한다.

리우데자네이루에서 합의한 지속가능성의 삼박자는 여전히 유효하다. 아니 그 어느 때보다 지금 이 순간 더욱 필요하다. 세계는 더 이상 미국적인 생활양식을 감당할 수 없다. 미국식의 소비 형태는 여기서 끝내야 한다. 자연을 착취하지 않으면서 안락한 삶을 누리는 방법에는 여러 가지가 있다. '삶의 질'이란 문화에 따라 완전히 다르기 때문이다. 이제 누구보다 선진국에 사는 사람들이 각성해야 한다. 철저한 환경 의식으로 자신의 소비 습관을 바꾸는 것이 좀 더 고급스러운 '삶의 질'에 이르는 좋은 방법이라는 것을 깨달아야 한다는 것이다.

정치는 어디에 있나?

지금껏 세계는 주로 경제 분야에서만 전 지구적인 네트워크로 연결되었다. 반면에 정치는 여전히 개별 국가와 정부 중심에서 벗어나지 못하고 있다. 이런 상황에서 유엔은 '글로벌 거버넌스'[36]라는 이름으로 정치적 세계화를 구축하려고 애쓴다. 그러나 지금까지는 경제 분야에 대면 턱없이 뒤처져 있다. 가령 그동안 환경 분야에서만 수백 개의 특별 협정이 체결되었다. 그 때문에 세계적인 차원의 환경 정책이 너무 많은 단위로 세분화되었고, 각각의 사무국도 전 세계에 퍼져 있어서 협력 작업을 이끌어 내기가 무척 어렵다.

당연히 유엔의 환경 분야는 지금보다 더 강화되고, 더 긴밀하게 협력해야 한다. 날씨, 공기, 바다에는 국경이 없기 때문이다. 그런데 환경을 깨끗하고 온전하게 유지하는 것은 전 세계적인 틀 안에서만 가능하다. 그를 위해 기존의 유엔환경계획 기구를 바꾸려는 수많은 개혁안이 제시되었다. 한 예로 지구상의 평화를 위협하는 문제가 발생하면 즉각적으로 유엔안전보장이사회가 개최되는 것처럼, 일종의 '세계환경보호이사회' 같은 기구를 만들어 자연환경이 위기에 놓였을 때 곧바로 대처할 수 있게 하자는 것이다. 그러면 안전보장이사회의 명령에 따라 전쟁을 예방하거나 끝내기 위해 평화 유지군이 파견되는 것처럼, 환경보호이사회도 '환경 유지군'을 급파해서 자원과 물, 토양, 불법 폐기물과 관련된 여러 갈등을 일찍 해결할 수 있을 것이다.

글로벌 거버넌스는 아직 출발 단계이다. 앞으로는 세계 어디서나 똑같이 적용될 수 있는 기업 및 사회 복지 규범도 마련해야 한다. 그러기 위해서는 관련 규정을 개발해 나가고 규정을 준수하는지 감시하는 강력한 기구가 있어야 한다. 그것을 떠맡을 수 있는 조직으로는 현재 유럽연합과 같은 지역 통합 조직을 빼면 유엔이 유일하다.

그러나 유엔은 지금 대수술을 받아야 한다. 산하 기구와 각종 기금, 프로젝트 운영 방식을 좀 더 현대적으로 바꾸고, 명확한 책임과 권한을 설정하고, 회원국의 적극적 참여도 이끌어 내야 한다. 그런데 이러한 새 출발을 방해하는 것은 예전부터 유엔에 비판적인 태도를 감추지 않았던 미국만이 아니다. 수많은 개발도상국들도 똑같이 유엔의 개혁을 가로막고 있다. 따라서 글로벌 경제 권력에 맞설 글로벌 정치 권력이 생기려면 새로운 형태의 국제기구 출범이 절실해 보인다.

녹색 제품

우리는 환경보호 분야에서 선구자 역할을 해야 한다. 그것은 일자리를 창출할 뿐 아니라 쏠쏠한 돈벌이까지 보장한다. 자원을 생각하는 환경 친화적 기술은 전망이 무척 밝기 때문이다. 독일의 고속철도 개발자들과 태양력 발전, 풍력 발전 기업들도 그 사실을 정확히 꿰뚫고 있다. 브라질의 에탄올 생산자들과 연료 절감형 차세대 자동차 개발 기업들도 그것을 잘 안다. 우리는 치솟는 석유 가격을 보면서 환경과 경제가 결코 대립적 관계가 아니라 상호 의존적 관계라는 사실을 새삼 느낀다. 언제부턴가 이 사회에서는 연료를 덜 먹는 '3리터 자동차'와 대중교통 수단이 인기를 끌고, 방풍 성능이 뛰어난 창문과 단열 효과가 우수한 마감재가 주목을 받고, 전력 소모량이 적은 전등과 냉장고에 소비자의 손길이 가고 있다. 이제 에너지 효율과 순환 경제의 시대가 시작되었다. 그와 함께 친환경 녹색 제품도 인기를 얻고 있다.

이런 점에서는 세계화가 긍정적으로 작용한다. 환경 분야의 새로운 첨단 기술과 관련 지식이 그때그때 인터넷을 통해 공개되고 빠르게 확산되기 때문이다. 소비자들은 이제 어디서 돈을 가장 아낄 수 있고, 어떻게 전기 요금을 낮출 수 있으며, 어떤 제품이 해롭고 어떤 제품에 유독 물질이 있는지 서로 손쉽게 정보를 주고받는다. 모두 현대적인 통신 수단 덕분이다. 우리는 그것을 최대한 활용해야 한다. 이로써 새로운 '산업혁명'이 시작되었다.

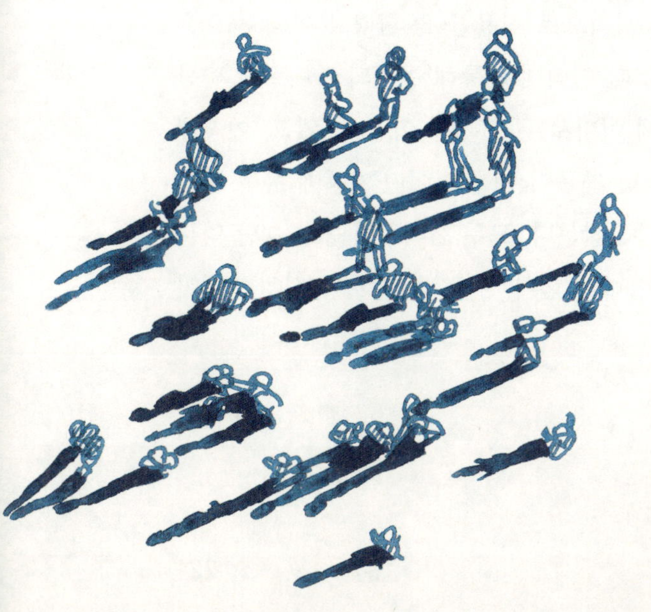

너와 나의 행동에 달려 있다

환경 파괴 위에 세워진 복지는 진정한 복지가 아니고,
기껏해야 단기적으로 비극을 완화하는 것일 뿐이다.
자연을 향한 공격을 멈추지 않는다면 평화는 이루어질 수 없고 가난만 늘어난다.
— 코피 아난 전 유엔 사무총장

우리는 자연의 기억이 아주 길다는 사실을 되풀이해서 경험해야 했다. 인간은 의식적이든 무의식적이든 자연에 저지른 잘못을 쉽게 고치지 못하기 때문이다. 거대 유조선처럼 자연도 한번 방향을 잡으면 되돌리기가 무척 어렵다. 기관실의 모든 기계 장치를 '전속력 후진'에 맞춰도 잘 안 되는 것처럼, 과거의 잘못을 바로잡으려고 뒤늦게 단호한 조처를 취해도 이미 정해진 방향을 틀기란 정말 힘들다. 심각해지는 지구 온난화, 바다의 오염, 녹아내리는 빙하 등 인간이 초래한 이 모든 변화는 결코 오늘내일에 해결할 수 있는 문제가 아니다. 종의 다양성 상실과 지구 오염의 주범인 화학 물질과 중금속 문제, 그리고 농경지 유실도 마찬가지이다.

한쪽에서는 우리가 자연에 입힌 상처가 치유될 수 있을지 심각하게 걱정하는 반면에, 다른 쪽에서는 그에 대한 과학적 증거가 점점 뚜렷해지는데도 그런 걱정 자체를 아예 과장된 비관론 정도로 치부해 버리고 만다. 이들은 걸핏하면 지금까지 어떤 문제가 발생했어도 인류는 언제나 해결책을 찾아냈다는 사실을 상기시킨다. 그러나 인류의 최근 발전 과정을 보면 교통 영역에서건 토목 건설과 자원 남용의 영역에서건 문제에 대한 해결책을 찾기는커녕 언제나 '이대로 계속'이라는 구호만 무성했고, 우리는 그 구호에 발맞추어 자연 자원을 지구가 감당하지 못할 정도로 과다하게 소비해 왔다. 이제는 바뀌어야 한다. 우리의 생활 터전이 무너지기 전에 사회 모든 영역의 방향을 수정해야 한다.

다행히 환경 운동이 시작된 1970년대와 1980년대에 나온 최악의 예상 시나리오 중 몇 개는 현실화되지 않았다. 어쨌든 지금까지는 현실로 나타나지 않았다는 것이다. 세상에는 아직 숲과 바다와 강이 존재한다. 그리고 원칙적으로 아직 모든 인간을 먹여 살릴 수 있을 만큼 양식도 충분히 생산된다. 그렇다면 당시 예측한 진단이 틀렸을까? 그렇지 않다. 그것은 우리의 의식을 깨우쳤고, 신중하게 만들었고, 인간의 한계와 성장의 한계를 일깨웠다. 어쩌면 모든 문제에서 진의가 제대로 전달되지 못했을 수도 있고, 어떤 부분에서는 감정이 앞섰을 수도 있다. 하지만 환경 문제에 의구심을 가지는 것은 결코 나무랄 일이 아니다. 다만, 미화하는 것도 안 되지만 과장하는 것도 안 된다. 과민 반응은 외면하는 것만큼이나 문제 해결에 도움이 되지 않기 때문이다.

'이대로 계속'의 구호가 더 이상 지속될 수 없다는 것은 분명해졌다. 경제가 이대로 자연을 계속 소비해 가며 성장하는 것은 우리의 생활 터전 자체를 무너뜨리는 어리석은 짓이다.

중국이나 인도 같은 나라가 서구의 생활양식을 따르려고 하는 것은 충분히 이해되지만, 그 때문에 상황은 점점 꼬여만 간다. 그래서 잘사는 선진국들이 먼저 기존의 소비 습관을 버리고 자연에 부담을 덜 주는 기술을 개발하는 데 열중하지 않는다면, 개발도상국들도 지나치게 많은 자원의 소비를 멈출 리 없다.

산업 현장에서는 단순한 에너지 절약 차원을 넘어 에너지와 자원을 예전보다 3배 또는 10배 더 효율적으로 사용하자는 움직임이 일고 있다. 적은 양의 에너지로 똑같은 수준의 경제 성과를 이룰 수 있다는 뜻이다. 그것은 자연을 보호하고, 인간의 창의력을 키우고, 경쟁력을 강화하는 좋은 방법이다. 특히 소비자들이 이런 목표를 올바른 것으로 인식하고 정치적으로 영향력을 발휘한다면 효과는 더욱 커질 것이다.

그러나 우수하고 효율적인 기술만으로는 충분하지 않다. 아무리 에너지 효율성이 높은 기술을 개발해도 유한한 자원과 늘어나는 인구, 그리고 개발도상국 사람들의 높아지는 욕구를 생각하면 그것은 근본적인 해결책이 되지 못한다. 따라서 효율성 외에 소비와 욕구를 줄이고 부족한 대로 만족하고 사는 '절제된 태도'가 꼭 필요하다.

세계의 총체적인 변화는 개개인의 행동에 달려 있다. 정치인들에게만 맡겨 놓기에는 인류의 미래가 너무 막중하다. 정치인들은 어떤 협정에서 종결 선언을 할 때 부차적인 문구에만 집착하는 경우가 많다. 물론 종결 선언이라는 것도 알고 보면 다음 회의에서 협력 방법을 다시 협의해 나가기로 했다는 내용이 대부분이다. 안타깝게도 이것은 카메라 앞에서 진행되는 협정의 의례적인 형식이고, 거기에는 희망의 불씨가 완전히 꺼지지 않을 정도의 약속밖에 담겨 있지 않다. 구체적인 결과를 얻으려는 시도들은 대부분 '상대가 먼저 행동해야 나도 행동한다.'는 원칙에 가로막혀 수포로 돌아가고 만다. 이른바 먼저 움직이는 사람이 지는 '미카도 게임'[37] 방식과 비슷하다. 따라서 알맹이 없는 협정 의식에 빠져 있는 정치인들을 변화시킬 수 있는 건 오직 시민, 즉 유권자뿐이다. 더 이상 그런 태도를 용납하지 않겠다는 신호를 정치인들에게 분명히 보여 주어야 한다.

환경 정책은 앞으로 평화 정책의 핵심 요소로 자리 잡아 나갈 것이다. 이는 세계의 일부 지역에서 빠듯한 수자원을 둘러싸고 벌어지는 인접국들 사이의 분쟁에서 이미 증명되었다. 따라서 자연과 환경을 남용하는 몇몇

소수 때문에 발생하는 지역적 갈등은 적절한 환경 정책으로 예방할 수 있다. 예를 들어 공동으로 안전한 식수를 확보하고, 비옥한 토양을 유지하고, 동식물의 다양성을 토대로 보존되어 온 많은 민족들의 문화적 지혜를 공동으로 이용하는 방법이 그것이다.

유전공학이든 우주공학이든 과학 기술은 끝없이 발전하고 있다. 이런 과학 기술이 우리의 통제선 밖으로 나가는 것을 막으려면 세계적인 차원에서 조정하고 행동할 수 있는 조직이 필요하다. 현재 그 역할을 맡을 수 있는 조직은 유엔뿐이다. 그렇다면 그런 역할에 맞게 유엔을 재편하고 그 기능을 강화해야 한다. 유엔 회원국들 간에도 일방적인 독주가 아니라 믿음이 오가는 협력과 소통이 이루어져야 한다. 그래야 구속력 있는 행동으로 이어질 수 있다. 국제 협력 없이는 필요한 변화를 이루지 못한다. 모든 세계 종교의 뿌리엔 자연과 창조에 대한 외경심이 담겨 있다. 우리가 세울 수 있는 공동의 토대도 바로 거기에 있다.

잘못된 발전과 위험을 거론하는 것은 결코 과장된 비관주의가 아니라 변화를 위한 긍정적 전제 조건이다. 그 변화에는 기술 발전과 더불어 우리의 행동 양식을 바꾸는 것도 포함되어야 한다. '내가 바꿀 수 있는 건 아무것도 없다.'는 식의 체념에 빠져서는 안 된다. 그것은 우리 앞에 놓인 도전에 대한 잘못된 반응이다. 마찬가지로 하늘에서 해결책이 뚝 떨어질 거라고 믿는 것도 안이한 생각이다. 생산적인 해결책을 얻기 위해서는 올바른 정치의식과 우리 앞에 놓인 문제에 대한 확고한 자각, 그리고 지금 당장 행동에 나서겠다는 개개인의 결연한 의지가 필요하다. 그것이 2050년이면 인구가 80억 또는 90억에 이를 미래가 우리에게 요구하는 계명이다.

관련 단체와 연구 기관들

그린피스 www.greenpeace.org
언제나 활발한 활동으로 세계인의 주목을 받고 있는 대표적인 국제 환경 단체. 특히 대체 에너지 전환 운동에 열심이다.

세계인구재단 www.dsw-online.de
독일 하노버에 본부를 둔 비정부 기구. 아프리카와 아시아의 가족계획 및 계몽 프로젝트를 후원하고, 에이즈 감염과 원치 않는 임신을 예방하는 활동에 적극 참여하고 있다.

세계보건기구(WHO) www.who.int
건강 분야에서 각 부문의 표준을 연구하는 기구. 예를 들어 신생아에게 필요한 모유 수유 기간과 예방 접종의 종류를 정한다. 그와 함께 조류인플루엔자나 사스 같은 전염병을 퇴치하는 데 큰 역할을 담당한다.

세계자연보전연맹(IUCN) www.iucn.org
국가 대표자들과 비정부 기구, 학자들로 결성된 단체. 자연보호 단체로서 정기적으로 '적색 목록'을 작성해서 멸종 위기에 놓인 생물종을 알려 준다.

세계야생생물기금(WWF) www.wwf.de
국제적인 자연보호 단체로 환경 파괴를 막고, 인간과 자연이 조화롭게 공존하는 지구를 만들려고 노력한다.

세계은행 www.worldbank.org
제2차 세계대전 이후 경제 재건과 발전을 재정적으로 뒷받침하기 위해 1944년에 설립된 '브레턴우즈' 기구 중 하나이다. 주로 개발도상국들의 발전에 관심을 보이고, 거기서 진행되는 프로젝트를 재정적으로 지원하며, 개발도상국 정부를 후원하고 자문한다. 새로운 발전 전략을 위한 '싱크탱크' 역할을 하기도 한다.

식량농업기구(FAO) www.fao.org

이탈리아 로마에 본부를 둔 유엔 산하 기구로, 세계인들의 영양 상태를 관찰하고 개선하는 기능을 담당한다. 굶주리는 사람이 얼마나 되는지, 그들에게 식량을 공급하기 위한 방법은 무엇인지를 조사해 정기적으로 발표한다.

유엔 www.un.org

제2차 세계대전 이후에 설립되어 그동안 191개 회원국이 가입했다. 세계 정부는 아니지만 세계의 주요 문제들을 공동으로 평화롭게 해결하는 임무를 수행하고 있다. 유엔 산하에는 유엔인구기금(UNFPA), 유엔개발계획(UNDP)처럼 하나의 문제에 전문적으로 종사하는 수많은 독립 기관과 특별 기구들이 있다.

유엔기후변화협약(UNFCCC) www.unfccc.int

1995년에 설립되어 기후변화 협약을 담당한다. 이 사무국의 주최로 이산화탄소 배출 감소를 논의하는 회의가 정기적으로 열린다. 독일 본에 본부가 있다.

유엔환경계획(UNEP) www.unep.org

케냐의 수도 나이로비에 본부를 둔 단체로, 1972년에 설립되어 환경과 개발 문제를 담당하고 있다. 유엔 산하 기구로 편입되어 환경 문제에 대한 학문적 연구와 정보로 주목을 받고 있다.

역주

1) 우리나라의 출산율은 1.17명으로 세계 최저 수준이다.

2) 독일의 사제 세바스티안 크나이프가 개발한 물 치료법. 냉수욕과 냉수마찰, 냉수관주, 교대욕, 이슬이 맺힌 풀 위나 얕은 물속을 걸음으로써 건강을 유지하고 증진하는 방법이다.

3) 유대교에서 종교적 정갈함을 회복하기 위해 목욕을 하는 자연수 못.

4) 세네갈에서 수단까지 이어진 사하라 사막 주변의 건조 기후 지대.

5) 배기가스 정화 장치. 백금으로 연소 가스 속의 해로운 성분을 정화시킨다.

6) 바이오매스에서 얻은 연료. 살아 있는 유기체뿐 아니라 동물의 배설물, 나무, 짚, 그리고 곡물(쌀, 콩, 옥수수 등)도 포함된다.

7) biomass. 연료로 사용할 수 있는 동식물을 가리킨다.

8) 온대와 한대의 중간으로 위도 50~70도 사이의 지역.

9) 발굽이 있는 포유동물을 널리 일컫는다.

10) 듀공, 메너티 등의 동물이 속한다.

11) 인간이 지구에서 의식주를 영위하기 위해 자원을 생산하고 폐기하는 데 드는 비용을 토지로 환산한 지수. 1996년 캐11나다의 경제학자 마티스 웨커네이걸과 윌리엄 리스가 개발한 개념으로, 지구가 기본적으로 감당할 수 있는 면적은 1인당 1.8헥타르이고, 면적이 넓을수록 환경 문제가 심각하다는 것을 의미한다. 세계 자원의 86퍼센트를 선진국들이 소비하고 있고, 우리나라도 1995년부터 세계 평균을 넘어 2004년에는 1인당 4.05헥타르를 소비하는 것으로 조사되었다.

12) 우리나라도 국가 간의 교류가 늘면서 외래종의 유입 속도가 점점 빨라지고 있다. 지금까지 모두 894종의 외래종이 발견되었는데, 이 가운데 우리의 생태계를 교란시키는 외래종으로 10종이 지정되었다. 동물로는 블루길, 큰입배스, 황소개구리, 붉은귀거북, 식물로는 단풍잎돼지풀, 돼지풀, 서양들고나무, 털물참새피, 물참새피, 도깨비가지가 있다.

13) 물도 종류마다 무게가 다르다. 가령 염분이 많고 차가운 물이 가장 무겁고(밀도가 높기 때문이다), 따뜻한 민물이 가장 가볍다. 그래서 바다 깊은 곳으로 내려갈수록 차갑고 염도가 높은 물이 흐른다. 북아메리카 연안을 따라 북극해로 흐르는 멕시코 만류는 따뜻하지만 염도는 높다. 이렇게 짜고 따뜻한 물이 북극해에 다가가면서 갑자기 차가워진다. 그렇지 않아

도 염도가 높은 물이 차가워지면 물은 그 무게를 이기지 못하고 어느 순간 아래로 뚝 떨어진다. 그것이 물기둥인데, 바다 속의 산소와 영양소를 위아래로 순환시키는 중요한 역할을 한다. 어떤 사람은 이를 가리켜 '바다의 허파'라고 한다.

14) 요르단 강 서쪽의 팔레스타인 영토.

15) 특정 어류를 잡으려고 쳐 놓은 그물에 엉뚱한 어류가 우연히 걸리는 경우를 말한다.

16) 세금이나 기타 편의를 제공해 주는 대가로 선주가 자국이 아닌 타국에 자신의 배를 등록하는 제도. 선주는 세금을 아낄 수 있어서 좋고, 등록을 받아 주는 나라는 뜻밖의 돈이 생겨서 좋다.

17) Wadden Sea. 독일, 네덜란드, 덴마크, 이 세 나라에 인접한 해역으로, 드넓은 갯벌로 유명하다. 갯벌은 경제적 가치를 따질 수 없을 정도로 인간 삶과 생태계에 중요하다. 먼저, 갯벌은 생명의 보고로서 수많은 생물들이 여기서 산란하고 성장한다. 또한 육상에서 배출되는 수많은 오염 물질을 정화하는 기능도 하고, 물의 급속한 흐름을 완화시켜 해일이나 태풍의 영향을 최소화하는 역할도 한다.

18) 암염은 돌소금이라고도 하는데 바닷물의 증발과 함께 소금이 땅속에서 돌처럼 딱딱하게 굳은 것을 말한다. 그 지층이 암염 광층이다.

19) 공공의 이익을 위해서는 꼭 필요하지만 자신이 사는 지역에는 이롭지 않은 일을 반대하는 이기적인 행동.

20) 우리나라는 잔류성유기오염물질관리법을 2007년에 신설하였다.

21) 날씨는 '기상'이라고도 하는데, 일기예보처럼 일시적으로 변하는 대기의 상태를 가리키고, 기후는 지속적으로 반복되어 온 대기의 평균 상태를 말한다. 예를 들어 오늘의 날씨는 비가 오고, 우리나라는 대륙성 온대 기후이다.

22) 심해의 밑바닥에는 엄청난 압력과 낮은 온도 때문에 메탄이 물과 결합해서 얼음처럼 딱딱하게 얼어붙은 층이 있는데, 그것이 메탄하이드레이트(메탄수화물)이다. 많은 나라들이 이것을 차세대 청정에너지로 주목하고 있다. 메탄은 그대로 방출되면 이산화탄소보다 온실효과가 20배나 높지만, 연소하면 이산화탄소보다 훨씬 낮기 때문이다. 우리나라의 동해에도 엄청난 양의 메탄이 매장되어 있다.

23) 그동안 기후변화 협약의 의무 준수에 소극적이었던 오스트레일리아는 정권이 교체된 직후인 2008년 3월에 의정서를 비준한 뒤부터 '녹색 성장'을 따르는 국가로 바뀌고 있다.

24) 세계의 주요 석유 소비국들이 세운 국제기구. 산유국들의 공급 감축에 대항해서 회원국들 간에 석유를 긴급 융통하거나 석유의 소비 억제와 대체 에너지의 개발 촉진을 목적으로 한다.

25) 지구의 생성 시점부터 인간의 역사 시대 이전까지의 시기.

26) 전 세계 석탄 매장량은 9090억 톤인데, 그중 남한은 8000만 톤, 북한은 6억 톤이다. 가장 매장량이 많은 나라는 미국으로, 전체 매장량의 27퍼센트에 이른다.

27) 우라늄과 플루토늄을 연소시켜 소비한 양 이상의 플루토늄을 생산하는 원자로이다. 원자로 안에서 소비된 것 이상의 새로운 핵분열성 물질이 생긴다고 해서 '증식'이라는 이름이 붙었다.

28) 조수 간만의 차이로 생성되는 에너지로, 조수력이라고도 한다.

29) 파도의 힘으로 생기는 에너지.

30) 일정한 간격을 두고 뜨거운 물과 수증기를 뿜었다 멈추었다 하는 온천으로, 화산 지대에 많다.

31) 두 개의 평평한 단층 절벽으로 둘러싸인 좁고 긴 골짜기.

32) '혼성'이라는 뜻으로, 두 가지 이상의 장점을 하나로 통합해서 운영하는 것을 일컫는다.

33) 제2차 세계대전 후 소련과 동유럽 공산주의 국가들이 구축한 정치적·군사적·이념적 장벽.

34) 독일의 고속도로 아우토반은 우리나라의 고속도로와는 달리 통행료를 받지 않는다.

35) 군비를 축소함으로써 생긴 돈을 경제 발전이나 사회 복지에 쓸 목적으로 조성한 공적 자금.

36) global governance. 다자 협상을 통한 세계적인 통치와 조정.

37) 유럽에서 유행하는 놀이. 긴 막대를 바닥에 늘어놓고 막대를 하나씩 집어돌리는데 다른 막대를 건드리면 진다.

청소년을 위한 **환경 교과서**

2009년 8월 29일 1판 1쇄
2022년 4월 22일 1판 14쇄

지은이 클라우스 퇴퍼, 프리데리케 바우어
옮긴이 박종대, 이수영

편집 정은숙, 서상일   **디자인** 이혜연
제작 박흥기   **마케팅** 이병규, 양현범, 이장열   **홍보** 조민희, 강효원
출력 블루엔   **인쇄** 코리아피앤피   **제본** J&D바인텍

펴낸이 강맑실   **펴낸곳** (주)사계절출판사   **등록** 제406-2003-034호
주소 (우)10881 경기도 파주시 회동길 252
전화 031)955-8558, 8588   **전송** 마케팅부 031)955-8595 편집부 031)955-8596
홈페이지 www.sakyejul.net   **전자우편** skj@sakyejul.com
블로그 blog.naver.com/skjmail   **트위터** twitter.com/sakyejul   **페이스북** facebook.com/sakyejul

값은 뒤표지에 적혀 있습니다. 잘못 만든 책은 서점에서 바꾸어 드립니다.
사계절출판사는 성장의 의미를 생각합니다. 사계절출판사는 독자 여러분의 의견에 늘 귀 기울이고 있습니다.
이 책은 저작권법에 따라 보호받는 저작물이므로 무단전재와 무단복제를 금합니다.

ISBN 978-89-5828-398-0 43300